SANANDO EN EL DESIERTO

SANANDO EN EL DESIERTO

ENCONTRANDO TU VOZ EN EL CAMINO DEL QUEBRANTO A LA LIBERTAD

CHRISTINE D'CLARIO

SANANDO EN EL DESIERTO
Publicado por David C Cook
4050 Lee Vance Drive
Colorado Springs, CO 80918, EE. UU.

Un ministerio de Cook Media Global

Integrity Music Limited, una división de David C Cook
Brighton, East Sussex BN1 2RE, Inglaterra

Editorial Sierra Alta™, un sello de David C Cook

Número de Control de la Biblioteca del Congreso: 2025948520
ISBN 978-0-8307-9157-6
eISBN 978-0-8307-9158-3

Diseño de portada: James Hershberger
Fotografía de portada: Getty Images

Impreso en los Estados Unidos de América
Primera edición 2026

1 2 3 4 5 6 7 8 9 10

120825

TABLA DE CONTENIDO

PRÓLOGO

Siempre había querido esquiar en Colorado, así que acepté con alegría una invitación para pasar una semana con familiares y amigos. El único problema era que no sabía esquiar. Pero como me encantaban todos los deportes, supuse que sería fácil aprender.

Nuestros hijos lo aprendieron rápido y se lanzaron por las pistas azules con sus amigos. Mi esposo, Nick, recorría las pistas más difíciles con sus amigos, mientras yo me quedaba en las pistas para principiantes, intentando simplemente mantenerme de pie.

Al tercer día, cansada de estar sola, le pedí a Nick que se quedara conmigo para que pudiéramos esquiar juntos. En un momento le pregunté si se estaba divirtiendo más conmigo que con sus amigos. Cualquier esposo en su sano juicio habría respondido que sí. Nick sonrió y dijo: «Chris, si estuviera con los chicos ahora mismo, me estaría divirtiendo mucho más». Quedé atónita por su brutal honestidad. Deseosa de demostrarle que se equivocaba, me giré y comencé a bajar por una colina muy empinada, diciendo la frase: «Cómete mi nieve, amor».

Bueno, supe que estaba en problemas unos veinte segundos después, cuando di una voltereta aérea no planeada. Un esquí salió volando y luego se escuchó un fuerte *pop, pop, pop* que resonó por toda la montaña. Cuando Nick me alcanzó, tuvo que llamar a la patrulla de esquí porque no podía moverme. Ese día se cumplió el proverbio que nos recuerda que «el orgullo precede a la caída».

Me había roto el ligamento cruzado anterior (LCA), desgarrado el menisco y el ligamento colateral medial (LCM), y fracturado la rodilla. Necesitaba un injerto de tendón de la corva para reconstruir el LCA. Después de la cirugía, el fisioterapeuta me explicó el cronograma de rehabilitación. Nunca olvidaré lo que me dijo:

> «Señora Caine, le espera un proceso de recuperación bastante largo. El accidente que tuvo fue grave y doloroso, pero ocurrió muy rápido. No será así con su recuperación. Le tomará muchos meses de terapia física enfocada para recuperarse por completo, y será un proceso doloroso. Se ha formado tejido cicatricial en su rodilla y deberá romperse para que pueda volver a moverse plenamente. Puede recuperarse por completo o solo parcialmente, rápido o lento: depende totalmente de usted. El grado en que esté dispuesta a abrazar el dolor de la recuperación determinará el grado en que sanará».

Como las palabras sinceras de aquel fisioterapeuta, este libro es un regalo. Christine no ha endulzado la realidad de lo que implica caminar en la libertad que Jesús murió para darte. Es posible ser libre, pero debes estar dispuesta a abrazar el dolor de la recuperación durante el camino hacia la libertad.

Este libro es fuerte, vulnerable, sincero, lleno de sabiduría bíblica y profundamente útil. Como alguien que ha pasado por el dolor del abuso, el abandono y la adopción, puedo decir con confianza que, si aplicas las verdades contenidas en estas páginas, encontrarás y caminarás en la libertad que estás buscando.

Christine Caine
Autora de éxitos de ventas
Fundadora de A21 y Propel Women

COMPRENDIENDO EL FUNDAMENTO DE NUESTRA VIDA

PREFACIO

«Lucho con la idea de vivir mañana».

Pronuncié las palabras suavemente, despacio, mientras las lágrimas se deslizaban por mis mejillas. Me quedé inmóvil mientras mi partera me miraba con unos ojos llenos de empatía y amabilidad. Sosteniendo con delicadeza mis manos entre las suyas, permaneció a mi lado, paciente, escuchando mi respirar tranquilo, mi inhalar y exhalar.

¿Qué es esto que siento? ¿Alivio? ¿Angustia? ¿Más tristeza? Los sentimientos que había aprendido a sofocar durante más de dos años brotaban fuera de mí, amontonándose uno sobre otro mientras escapaban por mi boca. Mis pensamientos internos acababan de convertirse en un monólogo externo, y cuando llegué a mi pensamiento más oscuro e íntimo, no me contuve.

Intenté mirarla de frente, pero las lágrimas nublaban mi visión. Solo alcancé a vislumbrar destellos de la mujer sabia y perspicaz que estaba junto a mí. Pero aun a través de mi llanto, sentía en su mera presencia que ella sabía exactamente de qué hablaba. Fue la primera y única persona en veintiséis meses que me había hecho las dos preguntas más simples: «¿Cómo está tu corazón? ¿Qué está pasando dentro de ti? Dime». Sabía que no podía disfrazar mis respuestas. Sabía que, si intentaba esconderme, esta intercesora vería más allá de mi fachada.

Así que le conté todo.

No lo sabía entonces, pero el camino que me había llevado a ese momento era el mismo que me guiaba hacia la necesaria sanidad… aunque yo aún no lo entendiera. Hasta cierto punto, era consciente de que los pensamientos y emociones que experimentaba no eran saludables. Pero incluso en medio de mi tormenta interna, nunca pensé que pudiera hacer algo al respecto, mucho menos reconocer que lo necesitaba.

Dentro de mí resonaban las dudas: «¿Yo? Pero… ¡soy cristiana! ¡Ya había soltado y perdonado! ¿Tener que sanar? ¿Sanar qué?».

Yo ya había pasado la página de mi pasado. O al menos eso creía. ¡Qué equivocada estaba!

Con lágrimas en sus ojos, ella pronunció un diagnóstico rápido que me sacudió hasta lo más profundo: «Tienes un caso grave de depresión posparto. Lo sé bien, porque pasé exactamente lo mismo que tú con el nacimiento de mis hijos. No eres la primera y no serás la última. Y no estás sola». En ese momento me refirió a una terapeuta muy ungida y llena del Espíritu. Mientras tanto me sostuvo de la mano todos los días hasta poder ser atendida. Ese simple acto de atención y amabilidad me salvó la vida.

Antes de eso, no había sentido la necesidad de comenzar un proceso de sanidad por varias razones. Para empezar, estaba exhausta. Pedirme en ese momento que comenzara un viaje de sanidad interior, parecía imposible. Me habría sido más fácil escalar el Monte Everest. Estaba cansada y agotada todo el tiempo, y simplemente intentaba sobrevivir ese día. Lo último que buscaba era un «viaje» a cualquier lugar.

Sin embargo, sentía tanta vergüenza porque estaba agotada. En este punto de mi vida yo conocía bien la gracia de Dios. Había experimentado Sus promesas cumplidas en mi vida.[1] Había sido líder de alabanza y adoración durante años porque deseaba

1. Todo nombre o pronombre que se refiera a Dios, a Jesús o al Espíritu Santo está escrito con mayúscula como un acto de exaltación literaria hacia Él, incluyendo aquellos que provienen de cualquier traducción bíblica. Por el contrario, la palabra satanás (que simplemente significa «acusador») o cualquier otro término que se refiera a él se escribe en minúscula. No merece honra, y jamás se le dará en ninguna de mis plataformas, incluyendo este libro.

genuinamente glorificar a Dios. La idea de que yo, como creyente, podría estar deprimida, simplemente no tenía sentido para mí. No podía hacer encajar la depresión con la fe; y la vergüenza, aunque me mantuvo como prisionera del silencio, me gritaba todos los días, todo el día.

Creo firmemente que las preguntas de mi partera me salvaron la vida. Sin su guía, no sé si alguna vez habría llegado a comprender lo grave que era mi situación. Ya había hecho lo que pensé que era un proceso de sanidad interior, y de manera bastante extensa espiritualmente. ¿Pero la salud mental? *Eso no es para mí*, pensé. *Estoy bien, no necesito detenerme a observar mis pensamientos y sentimientos.*

Tal vez, tú estés teniendo esos mismos pensamientos. *Yo estoy bien, estoy bien*. Pero tal vez detrás de esos pensamientos, tienes curiosidad. Quizás tengas preguntas. Incluso te estés preguntando si estabas destinado a leer estas palabras… así como yo lo estaba cuando mi partera me hiciera esas preguntas tan específicas.

No importa dónde estés en la vida, en qué temporada te encuentres o en qué punto exacto de tu sanidad estés: estas palabras son para ti. No importa quién seas, de alguna manera te verás reflejado en algún rincón de estas páginas.

Aquí comparto la historia del viaje de sanidad, el cual nunca pensé que necesitaría. Mi esperanza es que, al abrirte mi corazón sobre mi proceso, te sientas motivado a iniciar tu propia travesía de sanidad. El simple hecho de que este libro exista es un testimonio del poder y la gracia que Dios nos ha dado para sanar, y ha sido cuidadosamente elaborado como un recurso para todos los que necesitan sanidad… es decir, todos.

INTRODUCCIÓN

Mi primer libro, *Corazón pródigo*, fue publicado en 2017. Se centra en las dificultades que atravesé desde mi infancia hasta mi adultez temprana. Detallé algunas de las consecuencias que surgieron de esas experiencias, muchas de ellas sin que yo tuviera culpa alguna, y otras, lo admito, fueron autoinducidas. Pero es un libro sobre superación y entrega. Había vivido convencida de que las heridas causadas por la pérdida, el abuso, la inestabilidad y el duelo eran demasiado profundas para sanar… pero Dios me demostró lo contrario. Rendirme a Él transformó por completo mi historia en una de redención. Por Su gracia, me convertí en prueba viviente de que cualquier vida puede ser rescatada; por eso compartí los detalles de mi salvación: para dar esperanza. Lo que no imaginaba era que el final de esa historia sería, en realidad, el comienzo de la parte más difícil que haya vivido hasta ahora.

Decidí escribir la dedicatoria al finalizar el manuscrito. En su última línea, dediqué el libro a mis hijos aún no nacidos. Siempre había deseado ser madre, pero fue en ese tiempo que ya sentía haber llegado a la etapa de mi vida en la que estaba lista para serlo. La parte redentora de mi historia me había llevado hasta el hombre que luego se convirtió en mi esposo, Carlos Cabán. Ambos habíamos servido en el ministerio desde que nos comprometimos, y ya llevábamos una década de matrimonio sólido y estable. Había llegado a comprender lo que realmente significa ser una hija de Dios, y anhelaba tener hijos, educarlos en un hogar saludable y seguro, despertar en ellos el deseo de obedecer y depender de Dios, guiarlos con una fe audaz y contemplar en quiénes llegarían a convertirse, tal como Dios los había diseñado.

Fue realmente devastador cuando un mes después de haber entregado el manuscrito a la editorial, fui diagnosticada con «infertilidad». Como un diagnóstico en sí mismo, la infertilidad no es simplemente un síntoma de otro problema, aunque puede ser provocada por otras condiciones médicas, como fue en mi caso. Después de numerosos análisis de sangre, exhaustivos exámenes médicos, estudios invasivos y evaluaciones intensivas, descubrí que la endometriosis crónica, que me había causado un dolor incapacitante durante años, también era la responsable de mi imposibilidad de concebir. Los informes médicos mostraban que la endometriosis había creado tanto tejido cicatricial que mi vientre estaba prácticamente muerto, incapaz de sostener un embarazo viable.

Me aferré a esa primera parte de mi historia, a todo lo que había aprendido sobre Dios y sobre mí misma a través de mi experiencia de salvación y restauración. Por esa razón anhelaba tener hijos. Había cargado en mi interior, y aferrado con fuerzas, todas mis esperanzas y sueños de ser mamá, pero con el diagnóstico de infertilidad, se hicieron pedazos. A medida que Carlos y yo recorríamos lo que se convirtió en un viaje de dos años de procedimientos, tratamientos y nuevos diagnósticos, la infertilidad nos frustró el deseo de comenzar una familia juntos. Mis sueños parecían desvanecerse lentamente, y con ellos mi esperanza, hasta quedarme sin ninguno de los dos.

Antes de mi diagnóstico de infertilidad, yo sabía que llegaría la oportunidad de tener hijos. Y cuando ese tiempo había llegado, no estaba sucediendo tan rápido como esperaba. Pero junto con el diagnóstico llegó una nueva realidad: tal vez nunca tendríamos hijos. Decir que esta fue una realidad desgarradora no alcanza a describir aquel periodo de la vida de Carlos y la mía. Anhelábamos hacer crecer nuestra familia con amor, pero nos quedamos tristes, devastados y con la esperanza rota.

Un versículo en especial de los Salmos aborda directamente el tema sobre los deseos del corazón, aunque a menudo lo sacan de contexto: «Deléitate asimismo en el Señor, y Él concederá los deseos de tu corazón» (37:4, NVI). A menudo se interpreta erróneamente, como si dijera que Dios nos dará todo lo que queramos, colocándolo en el papel de un genio mágico. Sin embargo, cuando se lee dentro del contexto en el que aparece, adquiere un sentido muy distinto.

En verdad, todo el Salmo 37 es un contraste entre el camino de los malvados y el de los justos, puesto que nos llama a encomendar nuestro camino al Señor (v. 5) y a esperar pacientemente en Él (v. 7). Nos recuerda que Dios cuida de aquellos que le son fieles (vv. 17-18) y que permanecerá junto a ellos pase lo que pase (vv. 25, 28). No promete un sendero siempre llano y sin tropiezos, pero sí nos asegura algo mucho más valioso: que Él caminará contigo, y que cuando llegues a un tramo difícil, te sostendrá para que puedas atravesarlo (vv. 23-24).

Pero con respecto al versículo 4, debemos saber que es una instrucción. Ya que nos dirige a «deleitarnos en el Señor», lo que significa hallar gozo en quién es Él, y no en lo que Él pueda darnos. También es informativo, pues explica una relación de causa y efecto. A medida que Dios se convierte en tu único enfoque y fijas siempre tu atención en Él, irás creciendo naturalmente hasta llegar a desear lo que Él anhela. Por lo tanto, cuando tus deseos se forman de manera orgánica alrededor de Su carácter y de tu propósito en Él, entonces te concederá «los deseos de tu corazón», porque estos son hacer Su voluntad, reflejar Su bondad y aceptar Su tiempo. En última instancia, se trata de desear el plan de Dios para tu vida, sin importar cuál sea.

Mi deseo de ser madre era puro y bueno. Anhelaba serlo y creía que los hijos eran una hermosa bendición. Imaginaba la maternidad como un rol que trae profunda alegría, un regalo que Dios nos concede en esta vida. Pero Él no promete concedernos nuestros deseos solo porque sean puros y buenos, sino cuando estos estén alineados con Él. Si nos deleitamos primero en Él, entonces lo desearemos por encima de todo.

Poco a poco fui reconociendo que, en el tiempo previo a mi diagnóstico, mi deseo de ser madre había ocupado el primer lugar en mi corazón. Básicamente había elevado la maternidad a la categoría de un ídolo. En cierto modo, esto me estaba alejando de Dios, pues había comenzado a anhelarla más que buscar aquello que me acercara a Él. Mi corazón no estaba del todo desalineado con Dios, pero tampoco completamente alineado con Él, porque había puesto mi deseo por delante del Suyo, priorizando mi voluntad por sobre la Suya.

Sabía que había sido llamada a confiar en Dios, sin importar el resultado. Incluso si mi vida resultara muy distinta de como yo la quería o esperaba, entendí que debía realinear mi anhelo y mi esperanza con los propósitos de Dios, fueran cuales fueran. Sabía que, cuando crecemos y nos enfocamos en la intimidad con Dios, no necesariamente perdemos todos los demás deseos legítimos, por lo tanto, no esperaba, ni tampoco quería, perder mi deseo de ser madre. Pero sabía que, con una perspectiva reenfocada, desearía aquello que me acercara más al Señor.

Así que me rendí. Identifiqué la parte de mí que tenía la maternidad como un ídolo, y me esforcé por soltarla. En mi corazón y en mis oraciones, puse a mis hijos por nacer sobre el altar del Señor. No sabía si me convertiría en madre, pero sí tenía la certeza de que Dios promete cuidar de quienes le son fieles. Decidí «esperar en el Señor y seguir Su camino» (Salmo 37:34). Mi fe en Dios y mi relación con el Espíritu Santo eran fuertes, pero cada día procuraba permanecer obediente, enfocándome en que la voluntad de

Dios se cumpliera en mi vida. Cuando sentía que la desesperación intentaba aferrarse a mí con sus garras, me anclaba en la esperanza que tenía en el Señor. Así que Carlos y yo pasamos dos años en un arduo proceso de estirar nuestra fe al límite, rendición constante y oración ferviente.

Después de agotar otras opciones, mi médico me aconsejó someterme a una cirugía para extirpar el tejido endometrial. Esta intervención podía devolverle la funcionalidad a mi vientre, aunque existían varios riesgos y preocupaciones, como en todo procedimiento quirúrgico. Tras escuchar a los profesionales de la salud y orar buscando Su dirección, nos sentimos seguros de seguir adelante, y se fijó la fecha de la operación.

Y entonces... ocurrió un milagro. Asombrosamente, Dios me sanó antes de someterme a la cirugía. Durante una reunión de oración en la iglesia, un tiempo antes de la operación programada, Dios sanó mi vientre de forma sobrenatural. Fue realmente un milagro, que mi médico confirmó más tarde cuando se reunió con mi esposo y conmigo después de la operación. Rascándose la cabeza con verdadera confusión, dijo que no sabía cómo explicar lo que había visto al iniciar el procedimiento.

«No había nada que remover», comenzó. «Es como si te hubieran curado, lo cual, por cierto, no sucede». Estaba desconcertado y no tenía ninguna explicación médica que ofrecer, pero Carlos y yo sabíamos exactamente lo que había pasado. «Esto es un verdadero milagro», dijo. Luego explicó que mi vientre parecía ¡el de una adolescente! Confirmó que estaba lista para concebir un hijo, y efectivamente, un par de meses después quedé embarazada de mi primogénito.

Quedar embarazada fue una oración contestada, y aún hoy sigo dando gracias a Dios por Su bondadosa misericordia. Es evidencia de que Dios sí responde a las oraciones y que todavía obra milagros. Sin embargo, lo comparto con un corazón lleno de adoración a Dios y también con empatía hacia los demás. No todas las oraciones son respondidas en esta vida, o al menos de una forma en que los humanos podemos entender. Y las decisiones de Dios, incluida la forma en que responde a la oración, no siempre son claras para nosotros, porque Sus caminos y Sus pensamientos son más altos que los nuestros, y están más allá de nuestra comprensión.[2]

Durante aquella etapa, seguía orando para quedar embarazada, pero al mismo tiempo entregaba a Dios cada día mi anhelo de maternidad. Todavía quería ser madre, pero reposicioné a Dios en el lugar más alto de mi vida. Ese período se convirtió en una hermosa lección de rendición, y me llevó a acercarme aún más al Señor.

Pero no te confundas: esto no fue un premio por haber aprendido a rendirme. Dios no responde oraciones en función a expectativas cumplidas ni lecciones aprendidas. Él no es un Dios que se rija por evaluaciones ni por logros. Tampoco limita Sus respuestas a las oraciones que se dicen de la manera «correcta». Ese tipo de pensamiento no tiene absolutamente ningún respaldo bíblico. Cuando Él responde a las oraciones, lo único que resta hacer es adorarlo y proclamar el nombre de nuestro Dios. Y yo siempre alabaré al Señor por este milagro.

Los nueve meses de embarazo de mi primer hijo, Ian, fueron increíblemente tranquilos: sin náuseas, sin dolores, sin complicaciones. Durante este embarazo casi perfecto, fui la «envidia» de mis amigas embarazadas, y a mí no me importaba en lo más mínimo. Si llevar un embarazo tan sencillo implicaba aguantar las bromas de otras madres por envidia, ¡las aceptaba feliz! Estaba

2. «Porque mis pensamientos no son los de ustedes ni sus caminos son los míos», afirma el Señor. «Mis caminos y mis pensamientos son más altos que los de ustedes; ¡más altos que los cielos sobre la tierra!» (Isaías 55:8-9, NVI).

agradecida de no haber tenido ningún problema y de que todo marchara tan bien.

Todo eso cambió cuando di a luz. El nacimiento de Ian fue excepcionalmente traumático. En resumen, nuestras vidas estuvieron en grave peligro, y los dos estuvimos a punto de morir. Fueron días intensos de angustia mental y emocional. Después de que nos dieron de alta en el hospital, mi estrategia para lidiar con ese trauma fue *no* lidiar con él. Evitaba pensar en lo que había sucedido a toda costa y simplemente esperaba que el nerviosismo y la tensión que sentía desaparecieran, junto con los recuerdos aterradores. Por supuesto, no desaparecieron mágicamente, sino que, como suele ocurrir con los recuerdos, se colaban sigilosamente en mi mente, en cualquier momento y sin previo aviso. Ese trauma volvió con toda su fuerza mientras transitaba mi segundo embarazo, que sucedió apenas seis meses después del nacimiento de Ian. A lo largo de todo el embarazo de mi segunda bebé milagro, Kenzi, el trauma y todos sus síntomas seguían flotando justo en la superficie.

Nuestros hijos nacieron con solo dieciséis meses de diferencia, lo cual, para que conste, no fue intencional. A Carlos y a mí nos gusta decir que fue una especie de «sabotaje celestial», y no lo cambiaríamos por nada. Nuestros hijos son la viva expresión de la gracia y misericordia de Dios. En ese momento reconocí, y hoy sigo afirmándolo, que ellos son la evidencia de que Sus promesas se cumplieron en mí. Estábamos, y seguimos estando, profundamente agradecidos por estos dos pequeños.

Con la llegada de mis bebés a este mundo, sabía la responsabilidad que Dios nos había confiado. Carlos y yo queríamos criar a nuestros hijos con principios cristianos, valores bíblicos y una fe sólida como fundamento. Sobre todo, queríamos que crecieran amando al Señor. Sabíamos que la mejor manera de enseñarles esto sería mostrándoles con el ejemplo *cómo* amar al

Señor: con todo nuestro corazón, nuestra alma, nuestra mente y nuestras fuerzas.

Pero poco a poco me di cuenta de que no estaba siendo ejemplo de lo que significa amar al Señor, según el modelo bíblico. Allí estaba yo, cristiana y líder de adoración, pero no estaba equipada para esto. Sabía lo suficiente como para darme cuenta de que no estaba funcionando a plena capacidad, pero aún no había hecho la conexión entre *funcionar* y *amar*. No había unido del todo ambos conceptos como para comprender que, para amar a *plena capacidad*, debemos estar funcionando a *plena capacidad*. Inconscientemente, pensaba que esos eran dos problemas separados. Estaba lejos de concluir que, para amar al Señor plenamente, es necesaria la *sanidad*.

La verdad es que la sanidad tiene costo y trae consigo incomodidad. Y esto, en general, se cumple en cualquier proceso de recuperación. Pensemos, por ejemplo, en alguien que sufre una lesión grave en la rodilla. La fisioterapia suele ser necesaria para una recuperación completa, pero puede resultar tremendamente dolorosa. Ese proceso de sanidad implica vencer la rigidez, estirar zonas doloridas y fortalecer músculos debilitados. La rodilla lesionada puede sentirse mucho peor antes de sentirse mejor, pero el dolor y la incomodidad son necesarios para restaurar su función.

Lo mismo ocurre con nosotros como seres humanos. Para vivir en plenitud, necesitamos sanar aquellas partes de nuestro interior que están heridas. El proceso de sanidad requiere paciencia, determinación y firmeza, porque un viaje de sanidad tiene partes dolorosas y difíciles, es solo para valientes. Pero que no te quede duda: *vale la pena*. Nuestra capacidad de amar a Dios y a los demás depende de un ciclo constante de sanidad. El propósito de nuestra vida es dar gloria al Señor, pero si nos negamos a reconocer la necesidad de sanar, no podremos cumplir ese propósito.

Entender esto no me resultó fácil, pero como nos recuerda el Salmo 37, Dios no garantiza un camino sin dificultades, pero promete que estará con nosotros al atravesarlo. Mi diagnóstico de infertilidad marcó el inicio del proceso de sanidad más difícil que he enfrentado hasta hoy. Pero antes de iniciarlo tuve que aceptar que necesitaba hacerlo: esa decisión abrió el camino de salida del «valle de sombra de muerte».

CAPÍTULO 1

EL FUNDAMENTO PARA NUESTRA VIDA: EL SHEMÁ

Jesús le respondió: «El más importante es: "Oye, Israel: el Señor nuestro Dios, el Señor Uno es". Y "amarás al Señor tu Dios con todo tu corazón, y con toda tu alma, y con toda tu mente y con todas tus fuerzas". El segundo en importancia es: "Amarás a tu prójimo como a ti mismo". No hay otro mandamiento más importante que éstos».
—Marcos 12:29-31

Con la tecnología GPS actual, estamos bastante acostumbrados a tener un mapa claro de casi cualquier lugar al que queramos ir. Y ciertamente soy fanática del GPS, tanto que le he puesto nombre al mío: ¡*Gypsy*! (nombre en inglés para «gitana»).

¿Cruzar la ciudad rápidamente para ir a cenar? Consultar a *Gypsy*. ¿Necesitas encontrar el supermercado más cercano? Pregúntale a Gypsy. ¿Vas a hacer un viaje por ruta de costa a costa? Lo programo con *Gypsy*.

Pero cuando se trata de navegar por la vida, el GPS realmente no puede ayudarnos. El camino por seguir no siempre es tan claro. Buscamos plenitud, pero a veces no estamos seguros de cómo alcanzarla. Si a eso le sumamos temporadas de tristeza, desafíos desgarradores y ansiedad por el futuro, la ruta puede parecer cubierta por una densa niebla de caos y duda.

Sentirse confundido, inseguro o desorientado frente al camino de la vida, es una respuesta normal y humana. Jesús, siendo plenamente Dios y plenamente humano, entendió esto profundamente. Por eso nos dio un mapa muy claro, conciso y directo para construir sentido y propósito a nuestra vida, no una, sino tres veces en las Escrituras, aunque a menudo pase desapercibido.[3]

La versión más completa de esta guía aparece en el libro de Marcos, después de que Jesús llegó a Jerusalén con Sus doce discípulos. Su primera parada fue en los atrios del templo, donde los saduceos le hicieron una pregunta mientras Él enseñaba, con la intención de que Su respuesta se contradijese con las Escrituras. Pero ese plan se frustra cuando un escriba escuchó el «debate» y se dio cuenta de que Jesús les había dado una «buena» respuesta. (Palabras de las Escrituras, no mías). Este maestro habría sido un experto de primer nivel en la fe judía, pero reconoció la verdad cuando la escuchó y aprovechó la oportunidad. Entonces, el escriba miró a Jesús y preguntó: «De todos los mandamientos, ¿cuál es el más importante?» (Marcos 12:28).

No tenemos mucho contexto en torno a esta pregunta. Tampoco sabemos qué pasaba por la mente de este maestro. ¿Estaba buscando reducir los mandamientos para poder centrar todos sus esfuerzos en uno solo? ¿Estaba tratando de priorizar lo que debía enseñar? ¿Estaba abrumado? ¿Confundido? ¿Preocupado? Las Escrituras no indican que él fuera malintencionado, como los saduceos que pretendían atrapar a Jesús.[4] Tal vez solo tenía curiosidad

---

3. Esta guía aparece en tres Evangelios: Mateo 22:36-40, Marcos 12:28-31, Lucas 10:25-28. Aunque el pasaje aparece en Juan (13:34-35), su énfasis varía de los otros tres Evangelios.

4. Los títulos «maestro de la ley» y «escriba» tienen un significado intercambiable. Los escribas (muchos de los cuales se alinearon con los fariseos) eran, como dice el teólogo Matthew Henry, «enemigos de los saduceos». Se podría pensar que cuando Jesús debate tan bien contra los saduceos, los escribas habrían intervenido con apoyo, pero todos ellos desconfiaban de Jesús. Aparentemente, solo un escriba tuvo la suficiente cortesía como para dar un paso adelante y reconocer que [Jesús] había «respondido bien». Al principio, el pasaje comparable en Mateo puede parecer contradictorio. Marcos dice que el escriba notó que Jesús les había «respondido bien» (v. 28); Mateo dice: «uno de ellos, que era intérprete de la ley, lo puso a prueba con la pregunta». Pero los comentaristas bíblicos generalmente están de acuerdo en que, a diferencia de los saduceos, el escriba no estaba tratando de engañar a Jesús. El teólogo David Brown, por ejemplo, explica que el escriba probablemente estaba orgulloso de su conocimiento y no había llegado a creer en Jesús,

genuina. Sea cual fuese la razón, hoy conocemos el fundamento de nuestra vida gracias a que él se atrevió a formular esta pregunta.

La respuesta de Jesús está basada en una premisa; es decir, ofrece verdades fundamentales sobre las que podemos construir nuestra identidad y propósito. Jesús le dijo al maestro: «Amarás al Señor tu Dios con todo tu *corazón*, y con toda tu *alma*, y con toda tu *mente*, y con todas tus *fuerzas*». Luego añadió el segundo: «Amarás a tu prójimo como a ti mismo». Y concluye diciendo: «No hay otro mandamiento más importante que estos». Jesús nos dice exactamente sobre qué debe estar fundada toda nuestra vida.

Para analizar estos versículos, la mayoría de los lectores comienzan con el primero y luego pasan al segundo. Al leer este pasaje, mi cerebro lo ve de una manera menos convencional, similar a la forma en que mi mente aborda la lectura en general. Tengo dislexia, que es una forma de «neurodivergencia», una palabra elegante que describe cuando el cerebro funciona de manera diferente a la norma, lo cual es cierto en mi caso y en la forma en que proceso la información. La ciencia puede tener su nombre para esto, pero a mí me gusta pensar en mi cerebro más como un «neurocaleidoscopio». Y mi familia y mi equipo pueden dar fe del flujo constante de ideas nuevas y diversas que salen de mi mente. Normalmente pienso y proceso de forma distinta a la de la mayoría de las personas.

Al ser disléxica, tiendo naturalmente a procesar el texto al revés. Cuando estaba en la escuela primaria, escribía en mis cuadernos comenzando desde la última página y avanzando hacia atrás. Era algo tan natural y cómodo para mi cerebro, como ese tipo de comodidad que sientes cuando llegas a casa después de un

---

pero confirma que hizo preguntas como «disputante sincero y leal» y «manifiestamente sin mal espíritu». Para más información, consulta «Comentario sobre Marcos 12 de Matthew Henry» y «Comentario sobre Marcos 12 de Jamieson, Fausset y Brown» (Blue Letter Bible, BLB, 2025).

día largo, te quitas los zapatos y la ropa del trabajo y te pones algo cómodo y suelto. Así es como mi mente podía «respirar». Luego, una profesora que calificaba el orden de nuestros cuadernos me obligó a escribir de adelante hacia atrás, de la manera estándar. Con eso aprendí que, para vivir en el mundo real, a veces tenía que doblegar mi neurodivergencia para encajar y, en este caso, evitar sacrificar una buena calificación. Pero todavía me resulta más reconfortante hacerlo de esa forma poco convencional, de atrás para adelante.

Mientras que la mayoría de la gente toma una perspectiva orientada hacia adelante (leyendo de izquierda a derecha), me siento más cómoda haciéndolo al revés que, de hecho, es la manera en que llegué a entender este pasaje. Cuando lo leí al revés, comprendí con claridad tanto el destino final como el camino para llegar a él.

El mapa es este: Ámate a ti mismo *para que* puedas amar a Dios y amar a los demás. Amar plenamente implica todo tu ser, que consta de cuatro partes esenciales: corazón, alma, mente y fuerzas. Cuando cada parte está sana y restaurada, tu ser se vuelve completo. Solo cuando tu ser está completo puedes amar con todo lo que eres.

La clave no es solo amar, sino amar *bien*. Debes amarte bien a ti mismo, para que puedas amar de manera sana a los demás y amar a Dios plenamente.

Y debes *sanar* para llegar a estar *completo*.

Las cuatro partes que conforman tu ser deben estar saludables por sí mismas por dos razones principales. Primero, funcionan de manera independiente para cumplir sus responsabilidades individuales. Y segundo, se unen para formar un todo real y completo. Deben estar sanas individualmente, cada una por sí misma, para poder trabajar como una unidad colaborativa. Si una no está sana, no pasará mucho tiempo antes de que otra también caiga.

Pero cuando las cuatro están saludables, eres capaz de funcionar a plena capacidad, amando con todo tu ser y entregándote por completo. Este es, en gran medida, un escenario de todo o nada.

Piensa en una mesa bellamente diseñada que se sostiene sobre cuatro patas y construida para soportar peso. Si alguna de las patas está ligeramente fuera del diseño, toda la mesa sufre. Si una pata es demasiado larga, demasiado corta o desgastada, la mesa no estará equilibrada ni será resistente. Del mismo modo, la mesa de nuestra vida tiene cuatro patas: la emocional, la espiritual, la mental y la física. Si alguna de estas patas es demasiado larga, corta, apretada o suelta, podemos perder el equilibrio o la capacidad de sostener el llamado de Dios sobre nuestra vida. Incluso podría colapsar bajo las presiones de este mundo. Mantener en buena forma y balance las cuatro patas de nuestra mesa de vida, prestándoles atención a cada una de ellas, es la clave para vivir una vida abundante.

Cuando Jesús delinea la premisa de nuestra vida en Marcos 12, enfatiza todo nuestro ser. Al profundizar en las Escrituras, podemos ver cuán fuerte es ese énfasis. La instrucción de Jesús de «amar a los demás como a ti mismo» no habla de un amor egoísta que te coloca en primer lugar, sino del verdadero amor propio: aquel que consiste en amar a Dios. El mayor acto de amor propio es hacer el trabajo personal que se necesita para amar a Dios con *todo* el corazón, el alma, la mente y las fuerzas. La sanidad, los avances, el crecimiento, el carácter y la libertad que brotan de este trabajo son el acto más profundo de amor hacia uno mismo que podemos emprender. Es lo mejor que podemos hacer por amor. Y, por supuesto, cuando algo bueno nos pasa, automáticamente lo compartimos con alguien más. Eso es amar a los demás como a nosotros mismos. Es hacer lo que podemos para ayudar y alentar a otros a prosperar en su amor por Dios.

Antes de discutir los cuatro elementos del ser con más detalle, primero recorramos un poco el contexto histórico para tener una visión más amplia del panorama general.

El Shemá

En el texto de Marcos 12:28-34, Jesús se hace eco de un pasaje del Antiguo Testamento que Su audiencia del Nuevo Testamento habría conocido de memoria: el Shemá. El «Shemá», palabra hebrea que significa «oír» o «escuchar», es una declaración de la unidad de Dios y un llamado a amarlo plenamente. Proviene de Deuteronomio (6:4-5), cuando Moisés da sus instrucciones finales a los israelitas antes de que entren en la tierra prometida. Llegar a la frontera de la tierra prometida había sido un viaje de largos años para los israelitas. Cuarenta, para ser exactos. Cuatrocientos, si cuentas los años que vivieron en Egipto.[5] Progresivamente habían caído bajo la opresión del dominio egipcio, hasta que su sufrimiento se volvió extremadamente severo. Ellos clamaron a Dios, y Él respondió liberándolos de su cautiverio en Egipto, para llevarlos a la tierra que había prometido a su antepasado Abraham que sus descendientes habitarían. Pero cuando los israelitas estaban a punto de entrar, dudaron… y luego entraron en pánico. Se centraron tanto en el tamaño de los gigantes que ya vivían allí, que se negaron rotundamente a entrar. Se consumieron de miedo, y esto distorsionó su perspectiva.

En este punto, los israelitas habían visto con sus propios ojos los milagros de Dios y Su poder. Él abrió el mar Rojo para que pudieran caminar a través de él (Éxodo 14), usó una columna de nube durante el día y una columna de fuego en la noche para guiarlos a través del desierto (Éxodo 13), derramó alimento

5. Éxodo 12:40-41.

directamente de la nada para saciar su hambre (Éxodo 16) y sacó agua de una roca para calmar su sed (Éxodo 17). Pero cuando ya estaban más cerca que nunca de la tierra prometida, su miedo eclipsó los milagros que habían visto. Aunque Dios los perdonó (Números 14:20), vagaron por el desierto durante cuarenta años antes de finalmente entrar en la tierra prometida.

Imagina vivir en un desierto real durante cuarenta años, y más aún, vagar por él de lado a lado una y otra vez. Dudo que muchos de nosotros, y me incluyo, podamos sobrevivir por mucho tiempo bajo el sol del mediodía en los jardines de nuestras casas. Y si te imaginas un desierto plano cubierto solo de dunas de arena, estás equivocado. El desierto del Sinaí, donde los israelitas probablemente pasaron la mayor parte de esos cuarenta años, está hecho de roca y lleno de polvo. Era un entorno extremadamente hostil y seco, con escasez de alimento y agua. Este desierto recibe menos de cinco centímetros de lluvia al año. Las temperaturas habrían sido extremas, con un calor abrasador durante el día que se desplomaba a un frío escalofriante por la noche. Ni hablar de todas las criaturas y sabandijas que se deslizaban, arrastraban y corrían por el desierto mientras todos dormían en sus tiendas de campaña y caminaban solo con sandalias.

Y, aun así, los israelitas sobrevivieron, aunque no lo hicieron por sus propios medios, tuvieron que aprender a confiar completamente en Dios para todo: alimento, agua, protección y dirección. Su viaje fue emocionalmente agotador, mentalmente demandante, físicamente desgastador y, en general, desorientador. No tenían un plan de acción a largo plazo previamente establecido, pero sí contaban con instrucciones diarias que Dios les daba fielmente. Al aprender a confiar en la guía de Dios mientras vagaban, experimentaron un proceso que los cambió significativamente, y entraron en la tierra prometida siendo un pueblo transformado. El tiempo que los israelitas pasaron en el desierto fue un período formativo que moldeó su identidad y desarrollo como nación.

Antes de que los israelitas entraran en su tierra, Moisés quería estar seguro de que recordaran y honraran la fidelidad de Dios. Los reunió en su frontera, cerca del mismo lugar donde, cuarenta años antes, la generación anterior se había negado a entrar. Allí Moisés dijo: «Escucha, oh Israel: El Señor nuestro Dios, el Señor es uno. Ama al Señor tu Dios con todo tu corazón, con toda tu alma y con todas tus fuerzas». Las palabras de Moisés se convirtieron en la declaración de apertura del Shemá, una declaración de fe fundacional, recitada diariamente en la tradición judía.

El hecho de que este Gran Mandamiento llegó al final del viaje de los israelitas a través del desierto, justo antes de que entraran en la tierra prometida, me asombra profundamente. Moisés pudo haber dicho cualquier cosa, pero Dios se aseguró de que esto fuera lo que permaneciera en sus corazones después de los difíciles cuarenta años. Alabado sea el Señor.

Los cuatro elementos del ser (de acuerdo a las enseñanzas del Shemá)

La audiencia de Moisés generalmente veía el ser de manera holística. La antigua cultura hebrea no pensaba que el corazón, el alma, la mente y el cuerpo estuvieran separados. La mente, específicamente, estaba integrada con el ser. Las palabras hebreas originales para «alma» (*nephesh*) y «corazón» (*lev*) incluían la mente, pero de una manera integral.[6] Para ellos, la vida interior se centraba en el corazón como fuente de pensamiento, sentimiento y voluntad, y en el alma como el ser vivo.

6. Brown, Francis, S. R. Driver, y Charles A. Briggs. *The Brown-Driver-Briggs Hebrew and English Lexicon: With an Appendix Containing the Biblical Aramaic*. Hendrickson Publishers, 1996.

En el siglo primero, cuando Jesús andaba entre la gente, la cultura judía había sido fuertemente influenciada por el lenguaje y el pensamiento griego. A diferencia de la antigua cultura hebrea, los griegos trataban a la mente como un aspecto separado de la persona, en gran parte debido a los pensadores filosóficos de su cultura. Los filósofos griegos creían que la razón, la capacidad humana de pensar de forma clara y racional, era fundamental para saber lo que es real. Identificaron la mente como la fuente tanto de la lógica como de la razón, por lo que la enfatizaban como una parte separada del ser.

Cuando Jesús recitó el Shemá, estaba hablando a una audiencia religiosa judía que había sido influenciada culturalmente por el pensamiento griego y romano. Consciente de esta influencia grecorromana, Él amplió el Shemá, añadiendo «con toda tu mente». Para estar seguro, no estaba alterando el Shemá; simplemente estaba resaltando plenamente su intención. Se estaba asegurando de que su audiencia entendiera que debían amar a Dios con *todo* su ser, porque para ellos, agregar «mente» enfatizaba a la persona en su totalidad. Esto también es cierto para nuestra civilización occidental moderna. Después de la caída del Imperio romano, la civilización occidental adoptó y conservó el modelo griego, por lo que nuestra cultura occidental todavía mantiene estas distinciones por separado, dándonos cuatro elementos de nuestro «ser».

Es interesante que Jesús no se haya tomado este momento para hacer algún debate filosófico, proclamando que la antigua forma de pensar era mejor que la nueva forma, o una correcta y la otra incorrecta. Simplemente reconoció que esta visión cultural particular había cambiado y moldeó su respuesta de una manera que cumplió su punto: ama a Dios y ama a otras personas con tu ser *entero*. Su descripción nos da una imagen clara del fundamento de nuestra vida y lo que realmente significa amar *bien*, comenzando con nuestro corazón.

Corazón, ser emocional

Durante mucho tiempo, el corazón ha sido considerado la fuente primaria de donde se originan las emociones. Desde aproximadamente el año 2000 hasta el 400 a. C., los antiguos hebreos creían que sentir profundamente era un reflejo de la conexión del corazón con Dios, la vida y las personas en general. En el siglo IV, el antiguo filósofo griego Aristóteles (384-322 a. C.) identificó el corazón como el órgano asociado con las emociones.[7] El significado de «corazón» en el griego original, *kardias,* es el centro o asiento de nuestros pensamientos y sentimientos. Unos siglos más tarde, el filósofo cristiano medieval Tomás de Aquino (1225-1274 d. C.) combinó la filosofía de Aristóteles con la teología cristiana y consideró que el corazón era la fuente directa de las emociones humanas.[8] A principios del siglo XIX, el filósofo danés Søren Kierkegaard (1813-1855) creía que el corazón era fundamental para la profunda honestidad emocional.[9] (La lista continúa, pero entiendes el punto).

En nuestra época, Hollywood puede habernos dado algunas nociones equivocadas o poco útiles sobre el vínculo entre el corazón y las emociones, pero lo cierto es que el corazón todavía representa nuestro núcleo emocional. Todos tenemos, sentimos

7. Aristóteles. (2020). *On the parts of animals* (D. G. Horrell, Ed.; Book 3, Chapter 10). Oxford University Press.

8. Pasnau, R. (2024, Winter Edition). *Thomas Aquinas.* In E. N. Zalta & U. Nodelman (Eds.), *The Stanford Encyclopedia of Philosophy* (Edición otoño de 2024). Stanford University. https://plato.stanford.edu/entries/aquinas/ Consultado el 7 de mayo de 2025.

9. En la primera parte de su obra *Works of Love* (1847), Kierkegaard habla del corazón como una fuente de emociones. En obras posteriores, explora el concepto del corazón en relación con el yo, destacando el «corazón» como algo fundamental para la relación de una persona con Dios.

y experimentamos emociones. Lo que hacemos con ellas es un tema diferente (que discutiremos con profundidad más adelante). Por ahora, diré que no debemos basar nuestras acciones únicamente en la emoción, sino que debemos honrar y entender lo que sentimos.

Personalmente, mi corazón nunca ha sabido sentir de forma superficial. Yo amo profundamente, y las emociones fuertes siempre han sido parte de quien soy. Tal vez tú estés en sintonía con tus emociones, o has desarrollado el hábito de correrlas hacia un lado, enterrándolas muy dentro de ti. Pero permitir que nuestras emociones atraviesen nuestro cuerpo y aceptarlas como parte de la condición humana resulta fundamental para nuestra salud mental. Nuestro corazón, y las emociones que fluyen de él, forman parte de nosotros, de nuestro ser entero.

Alma, ser espiritual

Cuando la Biblia habla del ser humano, no lo presenta como una simple suma de huesos y carne. En el relato de Génesis 2:7 se nos recuerda que Dios tomó polvo de la tierra y lo modeló, pero la vida comenzó tan pronto sopló en su nariz aliento de vida. Esa imagen es poderosa: sin el aliento divino, el cuerpo no es más que materia inerte; con él, el hombre se convierte en un ser viviente, completo, capaz de pensar, sentir y relacionarse con su Creador.

A lo largo de las Escrituras, el término alma (en hebreo *nefesh*, en griego *psyché*) se usa para hablar del ser espiritual. No se trata de un fragmento etéreo separado del cuerpo, sino de la persona con pensamientos, emociones y voluntad. Por eso el salmista podía clamar: «¡Bendice, alma mía, al Señor! ¡Bendiga todo mi ser su santo nombre!» (Salmo 103:1). No era una parte de él la que adoraba, sino todo su ser interior.

El espíritu (hebreo *ruaj*, griego *pneuma*) señala otra dimensión, la más profunda, aquella que procede directamente de Dios. Es el soplo divino que hace posible la comunión con lo eterno. Eclesiastés 12:7 lo expresa con sencillez: cuando la vida en este mundo termina, «el espíritu volverá a Dios, que lo dio». El espíritu, entonces, no solo mantiene la vida, sino que abre al ser humano a la trascendencia en la vida eterna y a la relación con su Creador.

Sin embargo, el alma y el espíritu no son compartimentos separados. Hebreos 4:12 afirma que la Palabra de Dios es tan aguda que puede dividirlos, lo que indica que son distinguibles, aunque en nuestra experiencia se manifiestan unidos. María lo expresó en su cántico al decir: «Mi alma glorifica al Señor, y mi espíritu se regocija en Dios mi Salvador» (Lucas 1:46-47). En sus palabras, alma y espíritu se entrelazan en un mismo acto de alabanza.

Jesús mismo, al citar el Shemá en Marcos 12:30, nos manda a amar a Dios con todo el corazón, con toda el alma, con toda la mente y con todas las fuerzas. Allí el alma aparece como sinónimo de vida, de ser interior. Amar a Dios con toda el alma significa entregarle la existencia entera, lo visible y lo invisible, lo que pensamos y lo que sentimos.

Por eso podemos decir que el hombre es cuerpo, pero también alma y espíritu. El cuerpo nos une a la tierra, pero el aliento divino nos convierte en seres espirituales, capaces de conocer a Dios y vivir en comunión con Él.

Mente, ser consciente

Al igual que nuestra alma, no podemos ver nuestra mente. Gracias a la medicina moderna y a los avances tecnológicos, las resonancias cerebrales pueden mostrar imágenes de nuestros patrones y actividad cerebral, pero no muestran las características propias de nuestra mente. Incluso un escáner cerebral no puede determinar completamente si alguien está consciente o no.

Tu mente es la característica que te define y te marca como un ser consciente. Debido a que tenemos mente, somos capaces de procesar pensamientos. Una planta, por ejemplo, aunque es un organismo vivo, no puede pensar como lo hacemos los seres humanos. «Consciente» es, después de todo, cómo describimos nuestro estado normal de vida. Cuando estás despierto, estás consciente. Cuando te desmayas, estás brevemente inconsciente. Sin embargo, cuando duermes, no estás realmente inconsciente. Piensa en la última vez que tuviste un sueño. En realidad, el sueño se considera un estado de conciencia parcial porque a veces tu mente todavía está trabajando.

Dado que la mente no tiene un espacio designado o atributo físico, no es posible observarla directamente. Y para hacer las cosas aún más complejas, solo tú tienes acceso verdadero a tu mente, la parte de ti que está consciente, que percibe, que nota y que discierne. La definición de Merriam-Webster de «mente» como «los eventos y capacidades mentales conscientes en un organismo» ilumina la mente como el centro de la conciencia y estado de alerta.[10] La palabra original para «mente» en Marcos 12 es *dianoias*, que se refiere a un pensamiento profundo. Su uso se refiere a la mente como la facultad de entender y desear, lo que implica que nuestros deseos provienen de nuestros pensamientos y resalta la profundidad de la mente consciente y subconsciente.

Como seres conscientes, somos capaces de tomar decisiones basadas en intenciones; reflexionar sobre nuestras emociones, acciones y decisiones; usar la lógica, la razón y la imaginación;

10. Merriam-Webster. (s. f.). *Mind*. In *Merriam-Webster.com dictionary*. Consultado el 8 de mayo de 2025, en https://www.merriam-webster.com/dictionary/mind

y compartir ideas a través de diferentes lenguajes. A lo largo de los años de nuestra vida, formamos recuerdos y desarrollamos un sentido de identidad. Es nuestra mente, parte del yo, la que hace todo esto posible.

Fuerza, ser físico

El cuerpo es el más visible de los cuatro elementos del ser. Es el vehículo en el que viajan nuestro corazón, alma y mente. Somos seres físicos que necesitamos oxígeno, alimento y agua. No podemos vivir en temperaturas que sean excepcionalmente frías ni extremadamente calurosas. Nos enfermamos, nos lastimamos y necesitamos dormir para descansar, recuperarnos y repararnos. Sin embargo, por muy delicado que pueda ser nuestro cuerpo, también es sorprendentemente resistente. Podemos recuperarnos de lesiones, superar enfermedades graves e incluso sobrevivir a condiciones extremas.

Nuestro cuerpo también define naturalmente nuestra fuerza física. Estamos, al mismo tiempo, limitados y potenciados por las capacidades del cuerpo. Un estudiante de secundaria que pesa 45 kilos no podrá levantar tanto peso como un fisiculturista de 105 kilos. Y un jugador de fútbol americano no podrá correr a un ritmo de cuatro minutos o menos por kilómetro, cuando un maratonista puede mantener ese mismo ritmo durante más de cuarenta y dos kilómetros.

La palabra griega original, *ischyos*, influye profundamente en nuestra comprensión de la «fuerza» en Marcos 12. Significa fuerza, poder, potencia y vigor, pero también implica el alcance pleno de nuestra capacidad. Esta última idea la veo como un gran estímulo lleno de ánimo y motivación, que nos anima y desafía a no conformarnos, sino a expandirnos más allá de lo que creemos posible por amor de Dios y para Su gloria. Cuando pensamos en nuestras fuerzas en este contexto, empezamos a considerar qué fortalezas tenemos, dónde se desarrollan y cómo podemos ampliarlas y potenciarlas de manera que expandamos nuestras habilidades.

Dios nos crea intencionalmente y con propósito como individuos, siendo nuestro cuerpo una parte de Su diseño. Tu ser físico es una parte integral de lo que eres. Ciertamente, un maratonista dedica mucho tiempo y esfuerzo al entrenamiento, y un jugador defensivo de fútbol americano entrena realizando muchas repeticiones en el campo de práctica. Pero la genética también juega un papel en nuestra composición física. Todos somos creados como individuos diferentes, y todos poseemos diferentes fortalezas y debilidades físicas. Lo más importante es que eres «una creación admirable» (NVI) y «maravillosamente complejo» (NTV, Salmo 139:14), con habilidades y atributos que Dios ha hecho únicos para ti.

El ser entero

Si eres como yo, te estresas de vez en cuando. Tal vez, como me sucede a mí, tengas la mala costumbre de asumir más compromisos de los que deberías, para luego darte cuenta, demasiado tarde, que ya rebasaste tu límite y estás al tope de tu capacidad. Para crear más tiempo en tu día, empiezas a quitar de la agenda cualquier actividad divertida. Después de todo, ni que hicieran tanta falta, ¿verdad? Para avanzar con más trabajo, sacrificas unas cuantas horas de sueño. Después de todo, puedes más o menos tirar para adelante sin dormir toda la noche, ¿cierto? Para ahorrar tiempo, recurres a la comida rápida en vez de preparar con tiempo algo más sano. Total, comida es comida, ¿no? Y si de verdad eres como yo... pues terminas resfriado. Un resfrío es una cosita mínima en el radar de la vida, pero lo que pasa antes es un ejemplo perfecto de cómo funcionan las cuatro partes de tu ser.

Por un lado, las cuatro partes operan de manera *independiente* una de la otra. Cuando te sobrecargas de compromisos, la mente se estresa. Si dejas de lado las cosas que te dan alegría, el corazón ya no se siente tan contento. Si no descansas bien, el alma se agota. Y si comes mal, el sistema inmunológico se debilita. Pero, al mismo tiempo, todas trabajan juntas. Un resfriado es algo leve, sí… pero este no empezó en el cuerpo, empezó en la mente, y al final el cuerpo fue el que pagó el precio.

A veces ni te das cuenta de que tus decisiones están afectando alguna parte de ti. Y si lo notas, igual te justificas con pensamientos como: *solo necesito pasar esta racha*, o *no es para tanto*, o *yo puedo con esto*. Antes de iniciar mi proceso de sanidad, yo pensaba así todo el tiempo. Pero lo que muchas veces no vemos es cuánto se resienten las otras tres partes. Un resfriado es fácil de superar, pero si dejamos por mucho tiempo sin atender cada parte de nuestro ser, las consecuencias son problemas más grandes, que alteran la vida y son mucho más difíciles de sanar… y aun así, vale la pena intentarlo.

Comienzo en el desierto

Los años que los israelitas estuvieron vagando por el desierto fueron un período formativo en su historia. Ahí se establecieron por completo como nación, confiando en Dios para su supervivencia y aprendiendo a amarlo plenamente. Aunque no lo sabían en ese momento, estaban viviendo la historia que contarían durante años después de entrar en la tierra prometida.

Aunque probablemente no estés vagando por un desierto geográfico literal como lo hicieron los israelitas, es posible que sientas que estás vagando por un desierto figurativo. Las descripciones del desierto del Sinaí: rocoso, polvoriento, muy frío o muy ardiente, áspero, estéril, peligroso, salvaje; quizá te resulten familiares. Te aseguro que para mí lo fueron. En mi caso, el temor al fracaso, encerrarme en la vergüenza y tener miedo al juicio crearon mi propio desierto personal. Sentirme profundamente insuficiente, triste y ansiosa, especialmente en medio de los milagros de Dios, solo profundizó mi vergüenza. No estaba en un desierto geográfico, pero igual estaba en un desierto. No amaba a Dios con todo lo que había en mí porque no podía, estaba rota en todos los sentidos.

Mi propio viaje de sanidad empezó *en medio* del desierto.

Créeme cuando te digo que, antes de poder encontrar la salida, tienes que aceptar primero que te encuentras ahí. Tienes que mirar de frente y con franqueza las partes de ti que necesitan ser sanadas. Cada área de tu ser debe ser curada individualmente para que todo tu ser pueda ser sanado. Si no estás totalmente sano y completo, obstaculizas tu capacidad de amar a Dios plenamente. Un ser fracturado no puede entregarse por completo, por lo tanto, es necesario que en primer lugar te vuelvas pleno.

El pasaje en Marcos 12 provee un mapa de ruta hacia la plenitud, que a menudo se pasa por alto. Este describe claramente el fundamento de nuestra vida. Tal vez solo debas mirarlo con una perspectiva poco convencional, o quizá neurodivergente, para poder comprenderlo.

NOTAS

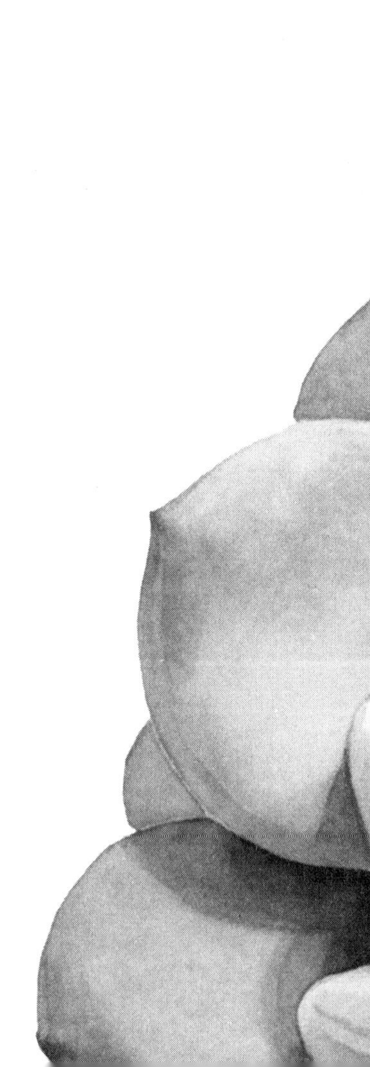

PARTE I

UNA VOZ POR DESCUBRIR: FN MEDIO DEL DESIERTO

REALIZACIÓN

CAPÍTULO 2

DISCERNIENDO EL VIAJE DE SANIDAD

Soy una líder cristiana. Y además tuve pensamientos suicidas. Detente y piensa en esto que te acabo de decir.

Si eso te parece chocante, inquietante o francamente increíble, te comprendo. También lo fue para mí, y por eso evité reconocerlo y aceptarlo. Pero negarse rotundamente a enfrentar una dura verdad no la hace menos cierta.

Primero, para que puedas comprender la verdad, necesito contarte un poco el contexto de mi historia.

Practicando el discernimiento

Después de que mi hijo y yo casi muriéramos durante el parto, mi manera de lidiar con ese trauma fue la misma que con cualquier otro que había vivido antes: lo ignoré. Hice todo lo posible para no pensar en eso. Pero, como suele pasar con el trauma no resuelto, me persiguió durante todo mi segundo embarazo.

Para cuando nació Kenzi, mi hija menor, estaba exhausta en todo sentido. Sabía lo que era el agotamiento de cuidar a un recién nacido, pero esto era diferente, más intenso. El cansancio era mucho más profundo y abrumador. Parecía que, cuanto más intentaba controlar lo de afuera, más me desgastaba internamente.

Por razones que no lograba identificar, me sentía un completo fracaso. Estaba convencida de que todos mis esfuerzos en el ministerio y en la crianza de mis hijos eran inadecuados. *No estoy haciendo lo suficiente, y nunca puedo hacer nada lo completamente bien*, pensaba. Una persistente sensación de tristeza parecía estar sobre mí, y me hacía llorar todo el tiempo. Ni siquiera sabía por qué estaba llorando. *¿Por qué estoy tan triste todo el tiempo?*, me preguntaba. Era un misterio para mí.

Entonces, me sentí culpable por estar angustiada. No debería sentirme así, pues Dios me había dado dos hermosos milagros. Estaba constantemente tensa, siempre al límite, sin poder apartarme de esa sensación de nerviosismo. La ansiedad me acompañaba dondequiera que fuera, así que tampoco podía dormir. *¿Y si le pasa algo a Ian o a Kenzi? ¿Y si hago algo mal?*

Estos pensamientos y sentimientos no solo eran agotadores, sino que sus causas parecían inexplicables. No tenían ningún sentido para mí. Eso me llevó a vivir con el temor de que alguien descubriera lo que realmente me estaba pasando. Si yo no podía entender lo que me sucedía, ¿cómo podría hacerlo alguien más? Cuando la gente venía de visita, a veces me encerraba en el baño para que nadie pudiera verme. No quería que me juzgaran ni que me hicieran sentir peor de lo que ya me sentía. Me las arreglé para reunir toda la fuerza posible y poner una fachada frente a mi familia y amigos, apenas lo suficiente para ocultar la verdad. Estaba tratando de sobrevivir, día tras día, momento a momento.

Pero las apariencias no eran la realidad. Estaba herida, agotada y sin reservas, tanto en el corazón, la mente, el alma y el cuerpo. Mi corazón cargaba una tristeza profunda e inexplicable. Mi mente estaba trabajando horas extras, haciendo una especie de ejercicio mental. Mi alma estaba presionada por todos lados. ¿Y mi cuerpo? Se sentía como si me hubieran golpeado a palos. Físicamente, mi química corporal estaba alterada y mis hormonas, desequilibradas. Era una combinación mortal.

Pude mantener esta farsa hasta que mi partera me enfrentó amablemente. Llegué a mi última cita, exactamente seis semanas después del nacimiento de mi hija. Mi partera hizo todos sus controles habituales y confirmó que estaba lista para ser dada de alta de su cuidado. En general, ella estaba muy satisfecha con mi progreso físico. Pues a solo dos semanas del parto, ya me encontraba saltando y liderando la adoración en un escenario, ¡como si no hubiera traído al mundo a un bebé de más de cuatro kilos!

Pero después de que terminó de llenar mi expediente, y sé que fue movida por el Espíritu Santo, se sentó a mi lado y me hizo dos preguntas de esas que te cambian la vida: ¿Cómo está tu corazón? ¿Qué está pasando dentro de ti? Sentí que una ola de calor subía hacia mis hombros y cuello, deteniéndose de forma incómoda en mi rostro. No pude esconderme más. Mi cuerpo prácticamente empujó las palabras fuera de mi boca. Le conté todo. Y ella, ahí a mi lado, lloró conmigo.

Hasta ese momento, nadie me había hecho preguntas tan incisivas. En la superficie, parecían ser preguntas relativamente normales, pero en lo profundo, iban directamente a mi corazón, a mi alma, a mi mente y a mi cuerpo. Su reconfortante presencia me hacía sentir en confianza, como si pudiera divulgar mis pensamientos más íntimos. Alguien finalmente me había dado el mejor regalo para la confesión: permiso, espacio, compasión y seguridad. Así que lo hice. Lo confesé todo. Ella era la única persona en la que confié, la única persona que sabía lo que realmente estaba pasando conmigo. Había dedicado mucha energía a asegurarme de que nadie conociera cuán quebrantada estaba detrás de la escena. Pero, de alguna manera, mi verdad oculta había salido a la luz.

Tras mi desahogo de pensamientos no filtrados, ella dijo suavemente: «Tienes depresión posparto. Y es severa. Lo sé porque lo pasé con mis hijos». Ella hizo una pausa, su mirada conmovida y empática cambió a la de seriedad. «Pero hay una salida». Buscó en sus archivos y tomó una pequeña tarjeta. Me la entregó y me explicó que era la tarjeta de una terapeuta a quien recomendaba.

«Ella trata la depresión posparto, el trauma, todo», aseguró. Después de hablar un rato más, regresó al tema de la terapeuta. Me insistió en que la llamara de inmediato para concertar una cita. Sin embargo, no me sentí presionada. Ya sea por sus palabras o por la forma en que las decía, tuve una ligera sensación de alivio, la primera que había sentido en meses. Fue un pequeño destello de una sensación que casi había olvidado.

«Te llamaré y te enviaré mensajes de texto cada hora hasta que me digas que ya tienes una cita con ella», prometió antes de salir de la habitación ese día.

Previamente a esta conversación, jamás hubiera considerado ir a un terapeuta. Aunque me sentía completamente agotada, nunca se me ocurrió que necesitaba algún tipo de cita formal en un consultorio, para mi salud mental. *Eso no es para mí. Estoy bien, no necesito sentarme a revisar ninguna parte de mi vida.* Francamente, pensé que la terapia era para otras personas, no para mí. Se suponía que debía ser más fuerte y aguantar la presión. Sin embargo, por más que lo intenté, sabía que no había llegado muy lejos.

No estoy segura de lo que habría pasado si ella no hubiera hecho esas dos preguntas sabias y llenas de discernimiento. Durante más de dos años, mi partera había demostrado ser digna de mi confianza. Como comadrona inteligente y hábil, me había ayudado a traer a mis dos hijos a este mundo. Ahora, con gran sabiduría, había discernido que yo necesitaba ayuda. La definición de la palabra «discernir» es «percibir o reconocer algo con claridad, a menudo con dificultad o a través de una observación cuidadosa». Mi partera vio más allá de la fachada que yo presentaba y reconoció que estaba luchando. El discernimiento también significa tener la capacidad de «distinguir o diferenciar entre las cosas con claridad o perspicacia».[11] Ella sabía que esto no era un simple caso de tristeza momentánea. Con una visión casi profética, se dejó guiar por lo que percibía.

Una vez que mi partera sacó a la luz sus observaciones, no podía volver a esconderlas en la oscuridad. Había hecho un diagnóstico claro, y no podía desoír lo que me había dicho. La escuché tan claramente como la luz del día. Con el conocimiento de su práctica médica y la sabiduría de su experiencia personal, mencionó sin rodeos lo que yo estaba enfrentando: depresión posparto. Hubo cierto alivio en ponerle nombre a lo que estaba viviendo y al mismo tiempo saber que no estaba sola. Pero también sacó a la luz una verdad que me resultaba desconcertante: me había diagnosticado depresión. Tenía una enfermedad mental.

Por un lado, me sentía reticente. Por el otro, tenía frente a mí la verdad de mi situación.

Ahora, era mi turno de practicar el discernimiento.

Historias pasadas, decisiones presentes

Los pensamientos suicidas son un síntoma de depresión, algo que descubrí cuando finalmente entré en terapia. Esto no ocurre en todos los casos, pero en mi caso sí. En los meses posteriores al nacimiento de mi segundo bebé, comencé a luchar con la idea real de vivir el mañana. No fue algo que ocurrió de la noche a la mañana. No puedo identificar exactamente cuándo comenzaron a aparecer estos pensamientos, pero justamente lo que hicieron fue: colarse sigilosamente. Luego, se intensificaron. Parecía haber llegado a un punto en el que simplemente ya no le encontraba sentido a la vida.

11. Merriam-Webster. (s. f.). *Discern. In Merriam-Webster.com thesaurus.* Consultado el 10 de junio de 2025, en https://www.merriam-webster.com/dictionary/mind

Esta no era la primera vez que tenía pensamientos suicidas. Lo había experimentado hacía algunos años. Pero desde entonces, había dedicado mi vida al Señor e iniciado un proceso de sanidad interior profundo, incluso había visto a Dios realizar verdaderos milagros en mi vida. Realmente creía que tener pensamientos suicidas era algo que pertenecía a mi historia pasada, algo que ya había sanado y superado. Eso hizo que volver a tener esos pensamientos fuera insoportablemente más doloroso y desconcertante.

La muerte de mi padre cuando yo era niña había sido el punto de quiebre traumático que desencadenó muchos otros eventos dolorosos que ocurrieron después. Él tenía muchas tendencias adictivas y falleció por complicaciones relacionadas con el alcoholismo y el abuso de drogas, cuando yo tenía solo seis años.

Al año siguiente de su fallecimiento, mi madre nos llevó a mi hermana y a mí, desde Nueva York a la isla de Puerto Rico. Para ese entonces, ella se había vuelto a casar y había dado a luz a mi hermano pequeño. Mi padrastro era un «boricua» de nacimiento (puertorriqueño), y decidió sacarnos de la ciudad, donde la delincuencia estaba en aumento, para llevarnos a un refugio seguro en el trópico. Nos instalamos en las zonas rurales del noroeste de Puerto Rico. Su belleza y el clima cálido durante todo el año eran nuevos para mí, al igual que la cultura, el idioma y la gente.

A pesar de lo hermosa que era la isla, rápidamente identifiqué que, aunque ese sería mi nuevo hogar, en mi corazón no lo sentía de esa manera. Y me sentiría así por muchos años. Luego, pasé de ser una niña constantemente acosada por mi aspecto físico (una deformidad dental, piel clara, ojos verdes y cabello afrocaribeño) a ser una mujer joven etiquetada como exótica y que recibía mucha atención masculina. De un modo poco saludable dejé que uno de esos chicos acaparara los espacios vacíos que a lo largo de los años se habían abierto en mí. Cuando esa relación se rompió, yo me rompí con ella.

Durante un par de años después, traté de mantenerme en la delgada línea de vivir entre lo correcto y lo incorrecto. Para ese momento lideraba la adoración en mi iglesia mientras llevaba una vida absolutamente opuesta a la que agrada a Dios. Esa doble vida me golpeó hasta tocar fondo, hasta llegar a estar profundamente deprimida y con pensamientos suicidas. Le hice a Dios una petición de último minuto, una especie de «si estás ahí» que en realidad sonaba más a ultimátum. Si pudiera volver atrás, seguro sería más respetuosa, pero Dios fue tan amable que miró más allá de mi tono y vio mi corazón. Él se me reveló, y desde entonces no volví a mirar atrás.

Lo que yo no sabía era que los traumas de mi infancia y juventud fueron terreno fértil para la formación de un trastorno de salud mental. Con mi vida temprana como punto de origen, mi enfermedad mental se había gestado y evolucionado con el tiempo. Aunque lo desconocía, tenía un historial de un trastorno de salud mental que había pasado desapercibido, hasta casi ser demasiado tarde.

Pero hay una salida. Las palabras de mi partera resonaron en mi mente. Sabía que tenía una decisión por delante.

En agosto de 1915, *The Atlantic Monthly* [El Atlántico mensual] publicó *The Road Not Taken* [El camino no tomado], de Robert Frost. Más tarde se convirtió en uno de sus poemas más famosos, que aparcció en libros de texto y antologías de todo el país. Pero en ese momento, Frost no fue bien recibido por algunos críticos. La mayoría de las personas que elogiaron su poesía eran a las que normalmente no les atraía este tipo de lectura. Inicialmente, su público admiró sus ritmos melódicos y esquemas de rima. Pero continuaron siendo lectores fieles por lo que el autor escribía debajo de esos versos alegres. Con franqueza en sus palabras llega al núcleo de la condición humana y describe la inigualable sensación de sentirse vivo.

En *The Road Not Taken*, el narrador se encuentra en el bosque frente a dos caminos. Los mira durante mucho tiempo, evalúa ambos y reflexiona profundamente sobre cuál elegir. Esta no es una decisión como la que tomas en el supermercado o para salir un viernes por la noche a cenar. Esta decisión afectará el resto de su vida. Él sabe que el camino que elija conducirá a otro camino, y ese a otro más. En la última estrofa, el narrador dice que al mirar hacia atrás en su vida sabrá que la decisión de ese momento habrá cambiado todo. Él entiende el peso de la elección entre los dos caminos.

Al igual que el narrador del poema de Frost, me encontré ante dos caminos. Uno era el de menor resistencia. En ese momento, permanecer en mal estado, o peor, parecía mucho más fácil. Podría dejar que las cosas continuaran como iban y sucumbir a mi enfermedad. El otro camino era el de escoger la vida, seguramente el más arduo de los dos. Extendida ante mí había una elección.

El narrador eligió «el camino menos transitado», creyendo que mirará hacia atrás «en algún momento, dentro de siglos y siglos», entonces contemplará que haber elegido el camino menos transitado «hizo la diferencia».[12] Al igual que él, decidí tomar el camino menos transitado. Elegí la segunda opción, el camino de la vida, a pesar de que no estaba segura de lo que era la vida más allá de mi mera existencia. Mi esperanza era que algún día, al

12. Frost, R. (2002). *The Road Not Taken*. En E. C. Lathem (Ed.), *The poetry of Robert Frost* (pp. 105-106). Penguin Classics.

mirar atrás, vería que haber decidido tomar el camino más difícil había valido la pena y que había marcado la diferencia.

Sanidad de la esclavitud

«Oye, Israel: el Señor nuestro Dios, el Señor es uno. Y amarás al Senor tu Dios con todo tu corazón, y con toda tu alma, y con todas tus fuerzas» (Deuteronomio 6:4-5). Cuando Moisés dijo estas palabras, era un portavoz de Dios. Al transmitirlas a los israelitas, lo hizo como un líder con autoridad. Pero las cosas no comenzaron de esa manera para Moisés.

Cuarenta años antes, el libro de Éxodo nos relata que Dios había dictado a Moisés precisamente lo que debía decir a los líderes egipcios y a los ancianos israelitas cuando llegó a Egipto. Una de las preocupaciones de Moisés era su habilidad para hablar, y expresó esta preocupación al Señor, diciendo: «"¡Ay, Señor! Yo nunca he sido hombre de fácil palabra, ni antes ni ahora que hablas con este siervo tuyo. Y es que soy muy lento para hablar, y mi lengua es muy torpe." Pero el Señor le respondió: "¿Y quién le dio la boca al hombre? ¿O quién hizo al mudo y al sordo, o al que ve y al que no ve? ¿Acaso no soy yo el Señor? Así que anda ya, que yo estaré con tu boca y te enseñaré lo que tengas que decir"» (Éxodo 4:10-12). Dios no iba a permitir que la manera de hablar de Moisés fuera un obstáculo para el rol que Él le había encomendado. Todo lo contrario: Dios iba a usar su voz.

Moisés no solo iba a tener que descubrir su voz para cumplir el llamado de Dios, sino que iba a tener que creer en su capacidad para usarla. Más aún, tenía que confiar en que Dios le daría la capacidad para hacerlo. Cuando estaba frente a la zarza ardiente, no lo sabía, pero Moisés llegaría a hablar frente a todo tipo de personas durante su liderazgo: repetidamente frente a Faraón y sus funcionarios (Éxodo 5-12), ante los ancianos israelitas (Éxodo 3:16; 4:29), los sacerdotes israelitas (Levítico), los futuros líderes de Israel (Deuteronomio 31) y ante los propios israelitas. Con la ayuda de Dios, desarrolló su voz como líder. Para cuando proclamó el Shemá, había recorrido un largo, largo camino.

Del mismo modo, los israelitas no sabían que su salida de Egipto marcaría el inicio de una historia que contarían por generaciones. Mientras atravesaban el desierto, estaban enfocados en el camino que tenían por delante y esperaban con ansias la nueva etapa de vida hacia la cual se dirigían. Cuando llegaron a la frontera de Canaán, ya habían sido testigos de cómo el Señor había obrado grandes milagros a lo largo de su travesía. Allí, frente a los límites, contemplaron la tierra y la nueva vida que les aguardaba.

Metafóricamente hablando, me identifiqué con esto en el momento en que me diagnosticaron depresión. Al igual que los israelitas, yo también había llegado a la frontera de una nueva temporada. Así como el Señor salvó a los israelitas del cautiverio y los libró de Egipto, Él me había salvado por medio de Jesucristo. Había dejado atrás mis primeros años de vida (y sus traumas) y esperaba ansiosamente el comienzo de mi vida como madre. Había experimentado los milagros del Señor a lo largo del camino, y estaba frente a la frontera de una hermosa vida: un esposo amoroso, una familia en crecimiento y un gran Dios en el centro.

Volver a luchar con pensamientos suicidas fue increíblemente desconcertante. Realmente creía que el trauma de mi vida temprana había quedado en el pasado, y ciertamente quería dejarlo allí. Sin embargo, de alguna manera había venido conmigo, tal como Egipto permanecía en el corazón de los israelitas. Teóricamente, ellos habían deseado salir de Egipto y habían clamado al Señor para que los liberara. Pero, aunque habían abandonado Egipto físicamente, su corazón y mente a menudo regresaban a su antigua forma de pensar, atrapados entre el miedo y la esclavitud. Me sentí igual. ¿Cómo podía tener estos pensamientos después de haber sido salva? ¿Después de experimentar los milagros del Señor? ¿Después de que se cumplieran promesas en mi vida? Pensé que todo eso había quedado atrás.

Los israelitas se encontraron nuevamente en el mismo desierto del que acababan de salir. Al igual que ellos, yo sentí que había regresado al lugar donde había comenzado, esta vez con lo que parecía aún mayor inestabilidad y menos certeza. Sin embargo, fue esa inestabilidad e incertidumbre de la vida nómada de los israelitas lo que generó una profunda dependencia del Señor. Sin un destino claro, tuvieron que confiar en Su guía.

Desde el principio, Dios dio claridad a su camino. Al usar una nube y el fuego, mostró que estaba con ellos: «De día, el Señor iba al frente de ellos en una columna de nube para indicarles el camino; de noche, los alumbraba con una columna de fuego. De ese modo, podían viajar de día y de noche. Jamás la columna de nube dejaba de guiar al pueblo durante el día ni la columna de fuego durante la noche» (Éxodo 13:21-22, NVI).

Cuando comenzaron su incierto período en el desierto, Dios continuó guiándolos: «Durante toda la noche cobró apariencia de fuego hasta el amanecer. Cada vez que la nube se levantaba y se apartaba de la tienda, los israelitas se ponían en marcha; y donde la nube se detenía, allí acampaban. Dependiendo de lo que el Señor indicara, los israelitas se ponían en marcha o acampaban» (Números 9:15a-17, NVI).

Dios nunca permitió que los israelitas se extraviaran. ¿Debemos quedarnos o irnos? ¿Qué dirección tomar? ¿Seguir recto o regresar? Él no dejó lugar para las conjeturas.

La palabra inglesa *desert*, utilizada por primera vez en 1297, significaba «merecer; volverse alguien digno de recompensa, ya sea de premio o de castigo».[13] Vista a la luz de la historia de los israelitas, una etapa en el desierto se convierte en una oportunidad. Independientemente de cómo llegamos a él, podemos aprovecharlo para nuestro bien o permitir que nos lleve a la ruina.

Cuando tomé la decisión de sanar, me encontraba en medio de mi propio desierto. Al escoger el camino de la vida, estaba eligiendo el proceso de sanidad. Sabía que mi recorrido sería difícil y desafiante. Comencé con poca dirección y sin tener en claro hacia dónde me llevaría. Pero cuando decidí empezar, también decidí confiar en el Señor en medio de mi sufrimiento. Creía que, si me acercaba a Él, Él se acercaría a mí, tal como dice la Escritura. Confié en que Él caminaría a mi lado.

Mucho antes de que los israelitas vivieran su temporada en el desierto, Moisés dio el ejemplo de lo que significaba confiar plenamente en Dios. Por indicación de Dios y con Su ayuda, Moisés encontró su voz y la usó como líder de los israelitas. Sus últimas instrucciones al pueblo, aún recordadas y recitadas hasta el día de hoy, fueron pronunciadas con la voz que Dios le había ayudado a usar durante más de cuarenta años. Los israelitas pudieron recitar estas palabras y contar su historia solo después de haber encontrado su voz como pueblo, confiando en Dios en medio del desierto.

Al igual que los israelitas, el desierto se convirtió en un lugar donde profundicé mi dependencia y mi confianza en el Señor. Elegir el camino más difícil me llevó hasta el punto de poder contar mi propia historia. La decisión que tomé y el proceso en el que persistí después, son las razones por las que hoy estoy viva y puedo contarte las historias que tienes en tus manos. Aunque el camino no fue fácil, no lo recorrí sola.

---

13. *Desert*, *Oxford English Dictionary*, consultado el 1 de junio de 2025.

He aprendido que el proceso de sanar de la esclavitud del pasado toma tiempo. Pero, al haberlo experimentado de primera mano, también he aprendido sobre la fuerza vital que brota de un camino de sanidad. El proceso de mi sanidad, restauración e integridad no fue solo para mí. También fue para *ti*.

Ahora puedes recibir la sabiduría que he adquirido hasta hoy. Y a eso lo considero una victoria.

NOTAS

CAPÍTULO 3

DERRIBANDO EL MITO DE QUE LA ENFERMEDAD MENTAL NO ES REAL

La enfermedad mental es real, y también entre los cristianos.

Sin embargo, el estigma en torno a la salud mental persiste dentro de la Iglesia.[14] Por alguna razón, los cristianos, en general, tradicionalmente han tenido dificultades para aceptar casi cualquier cosa que tenga que ver con la salud mental, especialmente la enfermedad mental. La Iglesia no tiene ningún problema con la medicina occidental ni con consultar a los médicos. Nunca dudarías en mencionarle a alguien en tu congregación un domingo que fuiste a un médico porque no te sentías bien. Tampoco andarías con rodeos para decir que te diagnosticaron una gripe o infección sinusal. Pero ¿decir que fuiste a un terapeuta o a consejería? ¿Mencionar que te diagnosticaron depresión? Esa ya es otra historia.

Esto no es así para todos, pero en mi experiencia, la salud mental era un tema tabú en la iglesia donde crecí. En el momento en que me diagnosticaron un trastorno mental, yo era cristiana y líder de alabanza. También estaba completamente ajena al hecho de que necesitaba ayuda urgente. Me habían enseñado conceptos erróneos graves sobre la enfermedad mental, que solo habían sido reforzados por la Iglesia. Ciertamente nunca había oído hablar de buenas prácticas de salud mental, señales de advertencia a las que debía prestar atención, o cualquier idea relacionada con sanar la mente.

---

14. He utilizado «la Iglesia» cuando me refiero al cuerpo global de todos los cristianos, a través de denominaciones y culturas. Para fines de aclaración, ha estado en mayúsculas para indicar la institución espiritual universal fundada en Cristo.

Pero, como mencioné antes, ignorar una verdad, por más dura que sea, no la hace menos cierta. En este caso, ignorar una verdad difícil hace que las necesidades de los demás sean desatendidas. ¿Cómo pueden las personas recibir la ayuda que necesitan si la Iglesia se niega a reconocer la raíz de su sufrimiento? ¿Por qué buscarían ayuda si son recibidos con culpa y juicio, y terminan marchándose llenos de vergüenza? Ignorar el hecho de que la enfermedad mental es real solo lleva a pasar por alto las señales de advertencia, hasta que los síntomas de la enfermedad se vuelven excepcionalmente graves. Cuando se trata de salud mental, es mucho lo que está en juego. Para algunos, es una cuestión de vida o muerte. Eso significa que nosotros, como cristianos, tenemos que aceptar que la enfermedad mental *es* real.

De muchas maneras, la sociedad ha allanado el camino para que las personas busquen y encuentren ayuda, al poner sobre la mesa el tema de la salud mental. Palabras como «depresión» y «ansiedad» incluso se han convertido en parte del lenguaje cotidiano. Pero, debido a que la sociedad ha normalizado muchas cosas que van en contra de las enseñanzas bíblicas, a menudo somos cautelosos con cualquier cosa que la sociedad tome y difunda. Como cristianos, estamos *en* el mundo, pero no somos *del* mundo (Romanos 12:2), por lo que es prudente siempre comparar las normas sociales con la verdad bíblica. Sin embargo, en general, eso no es lo que nosotros, la Iglesia, hemos hecho con la salud mental.

Ahora bien, esto no es un golpe de crítica para la Iglesia; es un llamado a la acción. He dado mi vida a su servicio, deseando amar a los demás como estamos llamados a hacerlo como cristianos. Pero eso enciende aún más mi pasión por decir que necesitamos corregir el rumbo. Cuando la sociedad moderna avanzó para disolver el estigma en torno a la enfermedad mental, especialmente después de la pandemia, la Iglesia se aferró a él.

Así, la gente ha terminado buscando la orientación secular de la sociedad en lugar de la sabiduría cristiana de la Iglesia.

Tal vez sea el temor a todo aquello promovido por la sociedad lo que ha impedido que la Iglesia disipe el estigma en torno a la salud mental. Quizás sea una aversión general al cambio y lealtad a la forma en que siempre se ha hecho. Sea cual fuere la razón, hay enseñanzas infundadas sobre la enfermedad mental que todavía circulan en ámbitos eclesiásticos. Quizás hayas escuchado frases como: «*Si estás deprimido, eso significa que estás en pecado. Enmienda tu pecado y tu depresión desaparecerá*». O: «*Si estás ansioso, estás bajo un ataque espiritual. No proviene de ti sino del diablo*». O: «*Si tienes pensamientos suicidas, ve a que oren por ti para que puedan expulsarte los demonios*». Si bien en ciertas circunstancias esto podría ser el caso, esta mentalidad no debe usarse como una regla general para juzgar. En ese punto, estos dichos se convierten en poco más que mitos: creencias que casi todo el mundo acepta como verdaderas, pero que, al final, resultan ser falsas. Además, estos mitos no son útiles ni a corto ni a largo plazo.

Más importante aún, la guía sobre la salud mental fue, en primer lugar, encargada a la Iglesia, porque la buena salud mental no solo es dada por Dios, sino que también es *ordenada* por Él. Junto con el *poder* y el *amor*, Dios nos ha dado el don de una *mente sana*.

La Escritura nos dice en el primer capítulo de 2 Timoteo: «Porque no nos ha dado Dios un espíritu de cobardía, sino de poder, de amor y de dominio propio» (v. 7). En el contexto original de este pasaje, las palabras *dominio propio* significan «la habilidad de practicar autocontrol y tomar sabias decisiones».[15] Cabe señalar que estas palabras son intercambiables con el término *mente sana*, como se refleja en muchas otras traducciones bíblicas. Me

15. Bible Hub. (s. f.). *1 Timothy 1:7* (Study Bible). Recuperado el 8 de mayo de 2025, de https://biblehub.com/1_timothy/1-7.htm#lexicon

gusta cómo lo expresa la Biblia Amplificada en inglés: «Porque Dios no nos dio un espíritu de timidez, cobardía o miedo, sino [Él nos ha dado un espíritu] de poder y de amor y de buen juicio y disciplina personal [habilidades que dan como resultado una mente tranquila y bien equilibrada y con autocontrol]».[16] Una mente sana, bien equilibrada, tranquila y controlada es un regalo de Dios.

Pero en esta vida y en este mundo, es posible que nuestra mente *deje de estar sana*, así que, como nos dice la Escritura, debemos sanarla mediante la renovación: «Y no te conformes a este mundo [con sus valores y costumbres superficiales], sino sé transformado y cambiado progresivamente [a medida que maduras espiritualmente] mediante la renovación de tu mente [centrándote en los valores de Dios y en las actitudes éticas], para que puedas comprobar cuál es la voluntad de Dios: lo que es bueno, aceptable y perfecto [en Su plan y propósito para ti]» (v. 12, traducido de la Biblia Amplificada en inglés).

¿Por qué, si no, el texto de Romanos nos diría que debemos *renovar* nuestra mente? Es necesario sanarla de los patrones tóxicos de pensamiento para devolverla a un estado de solidez. Si queremos seguir la voluntad perfecta de Dios, renovar nuestra mente es imprescindible. No hay forma de evitarlo. Es una parte esencial de la ecuación que necesitamos para acceder a la comprensión de la voluntad de Dios para nuestra vida.

Por cierto, Romanos no es el único libro que deja esto claro. El texto en 2 Corintios 10 es aún más directo y enfático: «Las armas de nuestra guerra no son físicas [armas de carne y sangre]. Nuestras armas son poderosas en Dios para la destrucción de fortalezas. Destruimos argumentos sofisticados y toda altivez que se levanta en contra del conocimiento [verdadero] de Dios,

---

16. Texto traducido al español por la autora.

y llevamos cautivo todo pensamiento y propósito a la obediencia de Cristo, estando listos para castigar todo acto de desobediencia, cuando su propia obediencia [como iglesia] sea completa» (vv. 4-6, Biblia Amplificada, traducida).

Estas Escrituras se entrelazan de una manera hermosa, formando un hilo continuo y un proceso paso a paso para llevar nuestra mente a donde Dios siempre quiso que estuviera. Primero: ¡nada de miedo! Dios nos ha dado una mente sana. ¿Y si necesitamos ayuda para encontrar y cumplir la voluntad de Dios? Entonces debemos renovar nuestra mente. Así es como la encontramos nuevamente. No será fácil, porque la mente es un campo de batalla. Los poderes, los principados y los príncipes de las tinieblas harán todo lo posible para oponerse a que renovemos nuestra mente y así encontremos la voluntad de Dios.

Entonces, ¿qué hacemos cuando ese ataque llega? Porque, sin duda, llegará. Nos convertimos en gladiadores en defensa de nuestra mente. Identificamos los argumentos orgullosos, altivos y retorcidos que el enemigo levanta dentro de nosotros para derribar la verdad de Dios, y los enfrentamos. Lo hacemos con toda fuerza y furia, apresando ese pensamiento como un criminal violento, torciéndole las manos detrás de la espalda y llevándolo bajo arresto, para luego empujarlo de cabeza a morder el polvo a los pies de Jesús. ¡Y que ahí se quede!

La sociedad y la cultura han tomado los conceptos de salud mental y los han enarbolado como si fueran su propia bandera, pero en realidad nos pertenecen a nosotros, ¡la Iglesia! Nos son dados por Dios y ordenados por Él. Y no tenemos por qué temer nada de lo que Dios nos da. Después de todo, Él *no* nos ha dado un espíritu de temor.

Experimenté de primera mano la depresión, hasta el punto de que uno de mis síntomas fueron los pensamientos suicidas.

Una vez que mi enfermedad recibió un nombre, tuve la motivación para sanar, incluso frente a los conceptos erróneos comunes que siempre había escuchado. Gracias a mi partera con discernimiento, a su diagnóstico y a los constantes mensajes llenos de amor y firmeza que me envió después de ello, me di cuenta de lo grave que es la enfermedad mental. Desde entonces, he aprendido cómo la depresión, los pensamientos suicidas, la ansiedad, el duelo y el estrés, todos los cuales han tocado mi vida de una manera u otra, afectan la salud mental. Si bien puedo hablar de estos desde mi experiencia personal, los hechos sobre estas cinco palabras comúnmente asociados con la enfermedad mental hablan por sí mismos.

Vocabulario de la salud mental

Cuando hablamos de salud mental, es importante tener a mano algunas definiciones. Una definición bastante conocida de salud mental es «el bienestar general de cómo piensas, te comportas y manejas tus sentimientos».[17] Un *problema* o *asunto de salud mental* suele ser temporal o pasajero, mientras que una e*nfermedad de salud mental* es duradera y clínicamente diagnosticable.

En la mayoría de los casos, una *condición*, un *trastorno* o una *enfermedad* de salud mental significan lo mismo; la diferencia está en el contexto en que se usan. El mundo médico, por ejemplo, normalmente se refiere a una *enfermedad* mental como un *trastorno* mental. El público en general, en cambio, tiende a usar el término «condición mental» en la conversación cotidiana. Por la razón que sea, «*enfermedad* mental» suele cargar con más estigma que «*trastorno* mental». Pero dado que nos dedicamos a derribar

17. Personal de la Mayo Clinic (14 de octubre de 2022). *Mental health: Overcoming the stigma of mental illness*. Mayo Clinic. https://www.mayoclinic.org/healthy-lifestyle/adult-health/in-depth/mental-health/art-20044098

barreras y disolver el estigma en torno a la salud mental, no hago distinción con estas palabras.

Si te gusta usar el lado izquierdo de tu cerebro, en especial aquellos lectores amantes de las matemáticas y las ciencias, probablemente apreciarán de manera especial el resto de este capítulo. A quienes, por el contrario, se inclinan a usar más el lado derecho, todos los amantes de las artes y las humanidades, les digo: acompáñenme por un momento. Ya usaremos más ese lado creativo en el próximo capítulo.

Primero, vamos a empezar con algunos hechos. Después de todo, la forma más sencilla de desacreditar un mito es sacar a la luz la verdad.

Depresión

¿Qué es la depresión?

La depresión puede ser tanto un problema de salud mental como una enfermedad mental, la diferencia entre ambas radica en el tiempo.

Si comenzamos observando la palabra en inglés *depressed*, incluso antes de revisar cualquier investigación científica o psicológica extensa, en su mera pronunciación casi se pueden distinguir las palabras *deep* (profundo) y *rest* (descanso). Aunque esas dos palabras no comparten ningún origen etimológico en un sentido histórico o lingüístico, a menudo aparecen juntas de forma metafórica y poética, y con buena razón. Tu ser requiere descanso. Dios nos creó con la necesidad de descansar para funcionar, vivir y sobrevivir. Pero cuando se ignora el clamor interno por el descanso, la depresión encuentra un punto de apoyo.

Mirando hacia atrás a la explicación que le di a mi partera sobre todo lo que estaba sintiendo y pensando, puedo ver que en realidad le estaba dando una lista de síntomas de depresión. La depresión implica perder el interés en las actividades cotidianas y afectar negativamente su desarrollo. Una persona con depresión puede sentirse desesperanzada, frustrarse con gran facilidad o verse abrumada por sentimientos de culpa. Sus niveles de energía se desploman; su apetito puede oscilar entre comer en exceso o muy poco; y sus patrones de sueño se alteran. Puede dormir demasiado o dormir muy poco. Todo esto depende de cómo la depresión afecte a cada individuo, pero todas son señales de depresión. Si los síntomas son lo suficientemente graves, se puede establecer un diagnóstico después de tan solo dos semanas, lo que demuestra la seriedad con la que los profesionales de la salud abordan este tema.[18]

¿Qué tan común es la depresión?

La depresión es, por mucho, una de las enfermedades mentales más comunes. El *Instituto de Métricas y Evaluación de la Salud* estima que 280 millones de personas viven con depresión. A nivel mundial, calculan que el 5 % de los adultos la padecen.[19] En 2023, el 18,1 % de los adolescentes estadounidenses, jóvenes de entre doce y diecisiete años, experimentaron un episodio depresivo mayor.[20]

¿Qué causa la depresión?

Las causas de la depresión son un tema complejo, porque no existe una única causa que se ajuste a todos por igual. Un elemento

18. National Institute of Mental Health. (2022). *Depression*. U.S. Department of Health and Human Services, National Institutes of Health. https://www.nimh.nih.gov/health/publications/depression

19. Institute for Health Metrics and Evaluation (IHME). (2024). *GBD Results*. University of Washington, IHME. Disponible en https://vizhub.healthdata.org/gbd-results/

20. Substance Abuse and Mental Health Services Administration. (2024, julio). *Results from the 2023 National Survey on Drug Use and Health (NSDUH): Key substance use and mental health indicators in the United States* (PEP2407021). U.S. Department of Health and Human Services. https://www.samhsa.gov/data/sites/default/files/NSDUH%20 2023%20Annual%20Release/2023nsduhmainhighlights.pdf

recurrente en las investigaciones es el eje HHS o hipotálamo-hipófisis-suprarrenal (trata de decir eso diez veces sin trabarte, ja, ja). Esta interconexión de tres sistemas del cuerpo es la que ayuda a controlar el estado de ánimo, sistema inmunológico, niveles de energía e incluso la digestión. Este eje desempeña un papel importante en la respuesta del cuerpo al estrés. Si se desregula, también lo hacen muchas otras cosas en tu cuerpo. El estrés es abundantemente citado como una razón mayor por la que tu eje HHS se desequilibra, lo que vincula al estrés directamente con la depresión. Además, la microbiota, cualquier inflamación e incluso el uso de la televisión y el teléfono móvil están documentados como factores que influyen en la depresión.

Se han realizado extensas investigaciones sobre cómo los cambios de vida importantes o el estrés significativo durante la edad temprana afectan a los adultos más adelante en la vida. La revista internacional de neurociencia *Brain Sciences* (Ciencias cerebrales) publicó hace apenas unos años una revisión de literatura que recopilaba investigaciones sobre la depresión en distintos campos: neurología, psicología, salud pública, genética y más. El espectro de estudio fue amplio.

En esa publicación se enfatiza que «la exposición a determinantes nocivos, como el estrés» durante los años de adolescencia «puede colocar a una persona en una trayectoria hacia la depresión en la adultez o en etapas posteriores de la vida». También afirman con determinación: «Cuando un individuo está expuesto a determinantes nocivos en períodos críticos y, además, tiene una predisposición genética a la depresión...».[21]

Todos somos susceptibles a experimentar depresión, pero la genética e incluso ciertos factores biológicos pueden predisponer

21. Remes, O., José Francisco, & Templeton, P. (2021, diciembre). *Biological, psychological, and social determinants of depression: A review of recent literature. Brain Sciences, 11*(12), 1633. https://www.ncbi.nlm.nih.gov/pmc/articles/PMC8699555/

más a unos que a otros. No comparto esto para dar malas noticias, sino como información para educar. Saberlo puede ayudarnos a examinarnos más de cerca a nosotros mismos y a prestar más atención a los demás, con el propósito de ayudar.

Suicidio

¿Qué es el suicidio?

El suicidio es un posible síntoma de la depresión. Cuando la depresión no se trata, el riesgo de suicidio aumenta, además del riesgo de abuso de sustancias y de trastornos de ansiedad.

Yo soy un claro ejemplo de esto. El trauma en mis primeros años de vida ya me había hecho más susceptible a la depresión en la adultez. De ahí, las cosas fueron de mal en peor. Mi depresión quedó sin tratar ni resolver, lo que aumentó el riesgo de que tuviera pensamientos suicidas.

Sin embargo, las personas con depresión no son las únicas que corren riesgo de suicidio. El *Instituto Nacional de la Salud Mental* señala que quienes sufren dolor crónico, tienen antecedentes familiares de trastornos mentales, consumo de sustancias o suicidio, o han presenciado violencia en su familia, también pueden estar en riesgo. La pérdida de un ser querido, las dificultades económicas, los problemas en las relaciones, el acoso y el hostigamiento son igualmente factores de riesgo.[22]

¿Quién experimenta pensamientos suicidas?

Las estadísticas de suicidio en nuestra generación son alarmantes. Cada año, más de 700.000 muertes se atribuyen al suicidio. Entre jóvenes de quince a diecinueve años, el suicidio ocupa el cuarto

22. National Institute of Mental Health. (2023, marzo). *Frequently asked questions about suicide* (Pub. No. NIMH23MH6389). U.S. Department of Health and Human Services. https://www.nimh.nih.gov/health/publications/suicide-faq

lugar como causa de muerte.[23] El cuarto. Y, contrario a la opinión popular dentro de la Iglesia, la depresión y el suicidio no son exclusivos del pecado ni de la posesión demoníaca. Las cifras sobre el suicidio pastoral son preocupantes: casi uno de cada cinco ministros en Estados Unidos afirma haber considerado autolesionarse o quitarse la vida.[24] Estamos perdiendo líderes fuertes a causa de enfermedades mentales. Estas cifras revelan una realidad profundamente desgarradora.

¿Qué provoca un mayor riesgo de suicidio?

Hay mucho que desentrañar en torno al riesgo de suicidio, un tema del que la Biblia no se esconde. Grandes personajes bíblicos, entregados al Señor, profetas, reyes, apóstoles, no estuvieron exentos de padecer enfermedades mentales. Por ahora, solo quiero mencionar brevemente a uno: Elías, profeta del Señor.

Después de una serie de eventos que imagino lo dejaron exhausto, Elías llegó al límite de sus fuerzas. Según nos muestra la Escritura, sintió miedo, dolor, soledad, tristeza, culpa y vergüenza. Bajo un arbusto, en medio del desierto, se sentó y oró para morir: «*Señor, ¡ya no puedo más! ¡Quítame la vida, pues no soy mejor que mis antepasados!*» (1 Reyes 19:4b). Elías, profeta de nuestro Dios todopoderoso, deseó la muerte.

Más adelante entraremos en los detalles que lo llevaron hasta este punto, pero lo que quiero resaltar ahora es la respuesta de Dios a los pensamientos suicidas de Elías. Dios envió a un ángel para cuidar de él, llevándole comida y agua. El ángel instó a Elías a comer, no una sino dos veces, asegurándose de que recuperara fuerzas para continuar su camino.

23. World Health Organization (31 de marzo de 2023). *Depressive disorder (depression).* https://www.who.int/news-room/fact-sheets/detail/depression

24. Barna Group (12 de septiembre de 2024). *Pastors, too, grapple with thoughts of suicide, selfharm.* https://www.barna.com/research/pastors-thoughts-suicide-self-harm/

En términos muy simples, Elías comió, bebió y descansó. Dios cuidó de sus necesidades físicas y renovó sus fuerzas para un viaje de cuarenta días hasta una montaña, el lugar de encuentro con Él. Cuando llegó y fue a esconderse en una cueva, Dios comenzó a cuidar de su mente y de su corazón. Le preguntó: «¡Elías! ¿Qué haces aquí?». Por supuesto, nuestro Dios omnisciente conocía la respuesta. Pero, al parecer, Elías no había exteriorizado el miedo que alimentaba su desesperación y su angustia.

La siguiente parte de la historia es la que más me conmueve. Dios llevó a Elías a buscarle a través de una serie de señales asombrosas. Fue testigo de un terremoto, un fuego, y un viento tan poderoso que hacía añicos las rocas. Pero Dios no estaba en ninguno de ellos. En cambio, se manifestó en un silbido apacible... un quieto y delicado susurro que habitaba en medio del silencio. Dios sabía que, para ayudar a Elías a salir de ese estado mental de muerte, primero debía atender las necesidades de su cuerpo, y luego envolverlo en consuelo y seguridad... todo mientras repetía con ternura la pregunta reflexiva: «¿Qué haces aquí?».

Dios cuidó de él y le devolvió la vida, tanto en sentido figurado como literal. Dios sabía lo que Elías necesitaba para ser restaurado. Y Dios nos ha confiado a nosotros, la Iglesia, hacer lo mismo por aquellos que están como Elías: extender cuidado a quienes lo necesitan.

Aunque el punto culminante llegó la segunda vez que di a luz, no llegué a un estado de agotamiento extremo de la noche a la mañana. Ese desgaste llevaba años gestándose. Durante mucho tiempo, había estado dando de lo que no tenía, vaciándome por completo. Carlos y yo habíamos estado en el ministerio por más de una década, yendo adonde sentíamos el llamado y haciendo lo que sentíamos que Dios nos guiaba a hacer. Pero, en algún momento del camino, decidí evitar el descanso, a pesar de que Dios le da un valor inmenso. No había aprendido que «no» no es una mala palabra. Mi corazón estaba en el lugar correcto, como suele ocurrir con la mayoría de las personas en el ministerio.

Lamentablemente, este es un patrón común en quienes están en el ministerio. Tenemos tantas ganas de dar, de hacer, de resolver y de ayudar, todo en el nombre del Señor. Pero muchas veces nos agotamos sin siquiera darnos cuenta de que nos estamos quedando vacíos. Así terminamos intentando dar desde la nada, porque ya no nos queda nada para dar. Al igual que Elías, grandes líderes de la Iglesia se están agotando. A diferencia de Elías, no están recibiendo el cuidado que necesitan. El enemigo ha logrado silenciarnos para que no pidamos ayuda cuando la necesitamos… y no podemos seguir guardando silencio.

Ansiedad

¿Qué es la ansiedad?

La ansiedad es una respuesta natural en la vida. La *Fundación de Salud Mental* la define como «un estado emocional común caracterizado por sentimientos de inquietud, como preocupación o miedo, que pueden ir de leves a intensos. La mayoría de las personas se sienten ansiosas de vez en cuando».[25] Esto lo consideraríamos un desafío a la salud mental. De hecho, es el reto de salud mental más comúnmente diagnosticado hoy en día.[26] Pero puede evolucionar hasta convertirse en una enfermedad mental. La ansiedad deja de ser una reacción pasajera que experimentas de vez en cuando y se transforma en un estado constante de vida.

---

25. Mental Health Foundation. *What Is Anxiety? Mental Health Awareness Week 2023 Report*. Consultado el 24 de julio de 2025. https://www.mentalhealth.org.uk/our-work/public-engagement/mental-health-awareness-week/anxiety-report/what-anxiety.

26. Anxiety and Depression Association of America. *Facts & Statistics.* Anxiety Disorders—Facts & Statistics. Ingresado el 25 de junio de 2025. https://adaa.org/understanding-anxiety/facts-statistics.

El miedo y la preocupación pasan a ocupar el primer lugar en tu día a día, volviéndose persistentes y abrumadores. La ansiedad puede llegar a ser tan grave como para provocar ataques de pánico: episodios en los que el miedo se dispara en cuestión de minutos. Y, como era de esperarse, la depresión está estrechamente relacionada con la ansiedad.

¿Qué tan grave es la ansiedad?

Con dos doctorados y un certificado de Harvard, el Dr. John Delony ha traducido la investigación psicológica sobre la ansiedad en aplicaciones prácticas como experto en salud mental. En su libro *Redefining Anxiety* [Redefiniendo la ansiedad] escribe: «Para la mayoría de las personas que enfrentan ansiedad, la verdad es más simple de lo que pensamos: la ansiedad es una alarma. Es una señal, nada más y nada menos. La ansiedad es simplemente la forma en que nuestro cuerpo nos dice que algo anda mal». Ciertamente no está minimizando la ansiedad. Le preocupa tanto que ha dedicado gran parte de su carrera profesional a ella. Lo que está diciendo es que debemos prestarle atención. Y el Dr. Delony, un cristiano declarado, afirma con claridad que la ansiedad es real.

¿Cuál es la relación de la ansiedad con la salud mental?

La *Clínica Mayo* enumera en su lista de síntomas de ansiedad el «sentirse nervioso, inquieto o tenso» y «tener la necesidad de evitar cosas que desencadenan ansiedad». El punto de inflexión es cuando la ansiedad permanece y comienza a interferir en tu vida diaria. En ese momento, la ansiedad se puede diagnosticar clínicamente como varios tipos que involucran diferentes clases de fobias, temores sociales, preocupaciones por separación, pero también hay otros tipos de ansiedad que no entran en una categoría específica.

La ansiedad generalizada en realidad puede involucrar circunstancias ordinarias o rutinarias, no solo momentos fuera de lo común de la vida, y la preocupación y las circunstancias pueden ser desproporcionadas entre sí. También es posible que la ansiedad de alguien no cumpla con todos los criterios para un tipo específico de trastorno de ansiedad. Pero el hecho de que los síntomas no coincidan con un tipo en particular no lo hace menos real. En esos casos, puede tratarse de un trastorno de ansiedad específico o no especificado.[27] La ansiedad no es menos grave que cualquier otro problema o desafío de salud mental, por lo que necesitamos abordarla.

Duelo

¿Qué es el duelo?

Al igual que la ansiedad, el duelo es parte de la experiencia humana. Es una respuesta natural a las pérdidas y desengaños de este mundo. El duelo proviene de experimentar una pérdida significativa. Es emocionalmente agotador, y el dolor profundamente sentido es incluso físicamente doloroso. No se limita a la muerte de un ser querido. Lloramos la ruptura de una relación, el final de un matrimonio, la pérdida de un trabajo u hogar, el deterioro de la salud.

En *Corazón pródigo*, escribí sobre mi propia experiencia con el duelo cuando mi padre murió. Sentí un dolor profundo y penetrante en mi corazón, causado por la pérdida de mi papá. Lloraba constantemente, a veces gritaba, y sentía como si estuviera cayendo en un pozo de desesperación. Recuerdo sentir que el dolor era tan grande que me estaba ahogando en él. He descubierto que el duelo puede cambiar con el tiempo, pero no termina.

27. Personal de la Mayo Clinic (19 de marzo de 2024). *Anxiety disorders - Symptoms and causes*. Mayo Clinic. https://www.mayoclinic.org/diseases-conditions/anxiety/symptoms-causes/syc-20350961

¿Cuánto dura el duelo?

El período inicial de duelo se conoce como «duelo agudo». El duelo en las semanas posteriores a una pérdida, o meses después de la pérdida de un ser querido, es intenso. El dolor, el shock, la incredulidad, la dificultad para concentrarse, la fatiga, la pérdida de apetito y la tristeza abrumadora son parte de ello. El duelo agudo transicionará a lo que se llama «duelo adaptativo», cuando logras volver a involucrarte un poco más en la vida. El duelo adaptativo progresa hacia el «duelo integrado», el que llevas contigo a lo largo de la vida. Compartes un vínculo siempre presente con la persona que ha fallecido, y el duelo se convierte en parte de la vida.

Las oleadas de duelo pueden levantarse después del período agudo, a veces sin previo aviso. No siempre son olas de marea alta. Pueden ser olas intensas que te toman por sorpresa. Pero son una parte normal del duelo, incluso mucho después de que la pérdida haya ocurrido. El duelo es complicado. Casi engañoso. No sigue una línea de tiempo fija ni juega según las reglas de nadie. Lo que hace que el duelo sea aún más complejo es que todos responden a él de manera diferente. La intensidad y el marco de tiempo del duelo son individuales, al igual que la forma en que una persona responde a su pérdida.

¿Cuál es la relación del duelo con la salud mental?

El duelo afecta absolutamente nuestra salud mental. El duelo agudo refleja los síntomas de una enfermedad mental, ya que afecta tu estado de ánimo, concentración, sueño, niveles de energía y apetito. Puede convertirse en una enfermedad mental. El duelo que permanece paralizante durante un período prolongado de tiempo se conoce clínicamente como «duelo prolongado». El duelo, especialmente en la fase aguda, también puede reavivar una enfermedad mental como la depresión o la ansiedad. Estas son algunas de las muchas razones por las que saber cómo cuidarse adecuadamente y apoyar a los demás durante el duelo es fundamental. (Más sobre esto más adelante).

Estrés

¿Qué es el estrés?

La Clínica Cleveland define el estrés como «la reacción natural que tu cuerpo tiene cuando ocurren cambios o desafíos. Puede resultar en muchas respuestas físicas, emocionales y conductuales diferentes. Todo el mundo experimenta estrés de vez en cuando».[28] Sin embargo, el estrés se vuelve peligroso cuando ese «de vez en cuando» se vuelve constante. A primera vista, el estrés puede parecer insignificante en comparación con, por ejemplo, la depresión, porque, al igual que la ansiedad y el duelo, experimentar estrés es una parte natural de la condición humana. Pero también, como la ansiedad y el duelo, un exceso de estrés puede tener efectos negativos drásticos.

¿Cuándo se vuelve peligroso el estrés?

Al estrés se lo llama comúnmente el «asesino silencioso». Debido a que técnicamente las personas pueden vivir con altos niveles de estrés, a menudo lo hacen, sin reconocer lo perjudicial que puede ser. Definitivamente he hecho esto en ciertas temporadas de mi propia vida. Es notablemente fácil acostumbrarse al estrés crónico y aprender a vivir con él. Pero el estrés crónico (nos referimos a altos niveles durante un período prolongado de tiempo) puede tener consecuencias a largo plazo que no son evidentes de inmediato. Ese tipo de estrés daña silenciosamente nuestro cuerpo.

---

28. Cleveland Clinic. *Stress*. Cleveland, OH: Cleveland Clinic, n.d. https://my.clevelandclinic.org/health/diseases/11874-stress.

El estrés tiene ciclos que, si no se completan, pueden causar estragos en nuestro cuerpo, mente y emociones. (Más sobre esto en el siguiente capítulo). Pequeña lección de ciencia: durante una situación estresante, tu cuerpo libera cortisol y adrenalina. Esta es la forma en que tu organismo te ayuda a sobrevivir. Es una respuesta completamente normal, y así es como fuimos diseñados. Pero no estamos creados para vivir con descargas constantes de esas dos hormonas, que es lo que sucede cuando vivimos en un estado persistente de estrés. Este es un caso claro de que lo bueno en exceso, deja de ser bueno.

Cuando el cuerpo bombea de forma constante cortisol y adrenalina durante un período prolongado, estas hormonas pueden dañar los vasos sanguíneos, favorecer la acumulación de placa en las arterias y aumentar la presión arterial. Pero ahí no termina todo. Un artículo en *Frontiers in Oncology* define el estrés crónico como «una experiencia emocional que ocurre cuando las personas se enfrentan a algo a lo que no pueden adaptarse». Podemos pensar que nos hemos adaptado a cualquier situación recurrente que nos cause estrés, pero «sobrevivir» no es lo mismo que «adaptarse».

Cuando las señales de advertencia no son evidentes, es fácil pasar por alto los riesgos. Pero, más allá de los problemas cardiovasculares (como si no fueran suficientes), el estrés debilita el sistema inmunológico, puede influir en el desarrollo del cáncer, impulsa su progresión y alimenta los tumores.[29] Uno de los primeros consejos que dan los oncólogos a los pacientes con cáncer es evitar el estrés tanto como sea posible. Las investigaciones demuestran una y otra vez que «el estrés crónico aumenta el riesgo de diversas enfermedades, como las cardiovasculares, la depresión, las endocrinas, la inflamación y el cáncer».[30]

29. Para más, busca «estrés crónico» (chronic stress) en la Librería Nacional de Medicina.

30. Hong, H., Min Ji, M., & Lai, D. (20 de diciembre de 2021). *Chronic stress effects on tumor: Pathway and mechanism. Frontiers in Oncology, 11*, 738252. https://pubmed.ncbi.nlm.nih.gov/34988010/

¿Cuál es la relación del estrés con la salud mental?

¿Recuerdas el eje HHA? Ese mecanismo desempeña un papel fundamental en la respuesta de nuestro cuerpo al estrés. Cuando está sobreestimulado por el estrés crónico, el eje HHA se altera. No tiene oportunidad de regularse porque está sobrecargado de trabajo. Por eso, el estrés crónico no solo empeora la salud mental, sino que incluso puede originar un trastorno mental. Como explica el artículo de *Brain Sciences* mencionado anteriormente, «cuando el estrés es alto o se prolonga durante mucho tiempo, puede afectar negativamente al cerebro». En términos sencillos, el estrés altera las vías neuronales y aumenta la inflamación, lo que puede derivar en depresión.

Probablemente también hayas oído hablar del trastorno de estrés postraumático (TEPT), que es una «condición que puede desarrollarse después de un trauma físico, psicológico o sexual»,[31] o como señala *Neuroscience and Biobehavioral Review*, puede «aparecer tras la exposición a situaciones de estrés extremo».[32] Los soldados, por ejemplo, a menudo padecen TEPT al regresar de la guerra. Quien padece TEPT suele sobresaltarse con facilidad y frecuencia, revivir el evento traumático, aislarse de los demás y adormecer sus emociones. Después de vivir violencia o trauma, una persona puede llegar a desarrollar estrés crónico y TEPT.[33] Pero, dado que el TEPT es una condición que puede desarrollarse, también puede prevenirse si se detecta a tiempo.[34] Una vez más, esta es información que ne-

31. Maeng, L. Y., & Milad, M. R. (27 de junio de 2017). *Post-traumatic stress disorder: The relationship between the fear response and chronic stress. Chronic Stress, 1*, 1-13. https://pubmed.ncbi.nlm.nih.gov/32440579/

32. Hong, Hao, Min Ji, y Donglai Lai.

33. Saunders, E. F. (2016, mayo). *Introduction. Journal of Clinical Psychiatry, 77*(5), 672. https://doi.org/10.4088/JCP.16f10815

34. Howlett, J. R., & Stein, M. B. (2016, enero). *Prevention of trauma and stressor-related disorders: A review. Neuropsychopharmacology, 41*(1), 357-369. https://doi.org/10.1038/npp.2015.261

cesitamos para impulsar la educación en salud mental en todos los ámbitos.

Fue la curiosidad de Moisés la que lo llevó a la presencia del Señor.

Cuando Dios llamó a Moisés para sacar a los israelitas de Egipto, le habló desde una zarza ardiente. Moisés estaba cumpliendo con su labor diaria, cuidando las ovejas de su suegro, cuando vio una zarza ardiendo. Según lo narran las Escrituras, no le intrigaba tanto que la zarza estuviera ardiendo como que no se consumiera. «Esto es increíble —se dijo a sí mismo—. ¿Por qué esa zarza no se consume? Tengo que ir a verla de cerca» (Éxodo 3:3, NTV).

Desde la zarza, Dios dijo: «Ciertamente he visto la opresión que sufre mi pueblo en Egipto. He oído sus gritos de angustia a causa de la crueldad de sus capataces. Estoy al tanto de sus sufrimientos. Por eso he descendido para rescatarlos del poder de los egipcios, sacarlos de Egipto y llevarlos a una tierra fértil y espaciosa. Es una tierra donde fluyen la leche y la miel» (vv. 7-8).

Luego, le ordenó a Moisés que sacara a los israelitas de Egipto. Como puedes imaginar, Moisés tuvo varias preguntas al respecto. Parecía preocupado de no ser el hombre indicado para la tarea, por lo que preguntó: «¿Quién soy yo para presentarme ante el faraón? ¿Quién soy yo para sacar de Egipto al pueblo de Israel?» (v. 11). Preguntó quién debía decir que lo enviaba (v. 13) y expresó su preocupación de que nadie le creyera (4:1). Pero Dios respondió a todas sus preguntas con claridad y dirección.

Las preguntas son señal de una persona curiosa. Hacer preguntas es la manera en que obtenemos conocimiento, descubrimos información y fortalecemos relaciones. Desde mi diagnóstico, he hecho muchas preguntas sobre la salud mental, y he aprendido mucho a través de la terapia profesional y de mi propia investigación. Te animo a que hagas lo mismo, más allá de lo que ya he compartido aquí. Considero que la información incluida en este capítulo es apenas un punto de partida. Todavía hay mucho más por aprender y descubrir. Haz preguntas. Sé curioso. Ora para que Dios te dé claridad. Si le pides sabiduría a Dios, Él te la dará generosamente (Santiago 1:5).

Ahora, más que nunca, debemos desestigmatizar la salud mental (afecciones, enfermedades, trastornos), especialmente en las comunidades de fe. Nuestra generación está enfrentando más de estos problemas y enfermedades que cualquier otra generación anterior. No son males nuevos, pero están aumentando rápidamente y causando estragos en nosotros: jóvenes, mayores y todos los que están en medio. Las estadísticas deberían encender todas las alarmas de que la gente necesita con urgencia ayuda.

Las estadísticas son claras y no nos permiten negar la enfermedad mental ni actuar como si no existiera. No podemos seguir ignorándola.

NOTAS

CAPÍTULO 4

ELEGIR SANAR (Y TRAZAR UN CAMINO)

Sanar es una elección, un camino que debe tomarse. El proceso de sanidad es el camino, uno que se va transitando en el viaje de restauración. Es un camino intencionalmente elegido, trazado y modelado. Después del nacimiento de mi segundo hijo, todo mi ser necesitaba sanidad. El dolor que había estado cargando era tanto antiguo como reciente. Y francamente, había estado ignorando las sutiles señales de alerta que mi cuerpo me enviaba desde hacía años. Se necesitó el inmenso y deslumbrante acto de dar a luz a dos hijos en dos años y medio para provocar una respuesta en mí.

Estaba segura de que, si mi partera tenía razón y había una salida, quería saber cómo podía tomarla. También sabía que, si quería sanar, tenía que dejar de ocultar cómo me sentía y despojarme de la vergüenza que había cargado durante tanto tiempo. No estaba segura de cómo lograrlo; ahí fue donde la terapia entró a mi vida. A través de la terapia, con un terapeuta cristiano centrado en la Biblia y lleno del Espíritu (pues la terapia debe ser guiada por el Espíritu Santo), comencé a entender mi propia historia personal con la depresión. Empecé a ver cómo había tomado forma a lo largo de mi vida y había empeorado progresivamente, porque no había procurado sanarla.

Imagina que te rompes una pierna. En lugar de ir al médico, decides ignorarla. *Probablemente esté bien*, piensas. Estás sufriendo un dolor intenso, pero no tienes idea de cómo hacer que se detenga. *El dolor probablemente ni siquiera sea real*, piensas. Intentas seguir con tu vida, pero tu pierna rota te lo impide. Interfiere con todo lo que intentas hacer. *Solo necesito aguantar*, piensas. En lugar de mejorar, tu pierna va empeorando.

Ahora mismo, piensas: *nunca ignoraría una pierna rota.* Si realmente te rompieras una pierna, harías todo lo necesario para ir directamente a la sala de emergencias para radiografías, tomografías computarizadas, exámenes físicos, un yeso y, si fuera necesario, cirugía. Pero ¿qué pasa con un dolor que no es tan intenso o que no aparece de golpe?

Así que imagina que te despiertas una mañana y tienes un leve dolor en el lado derecho. *Probablemente no sea nada*, piensas. Y es cierto. El dolor no es tan fuerte... hasta que llega la noche. Parece haber aumentado poco a poco durante el día. *El dolor probablemente ni siquiera sea real*, piensas. Efectivamente, cuando te despiertas a la mañana siguiente, el dolor parece haberse desvanecido durante la noche. Sin embargo, unos días después el dolor ha vuelto, y con más fuerza. *Solo necesito aguantar*, piensas. Pero esta vez, no hay forma de sobrellevar el punzante dolor en tu costado, así que vas al médico. Resulta que tienes una piedra en el riñón.

De una forma u otra, en ambos escenarios terminas en el médico. Cuando nos lesionamos o enfermamos, vamos a un profesional de la salud para poder sanar. Pero, así como un médico diseña un camino hacia la sanidad física, un terapeuta hace lo mismo para la salud mental. Tal vez estés profundamente sumido en la depresión. Tal vez tus preocupaciones hayan evolucionado hasta convertirse en un temor que a veces resulta paralizante. Tal vez el estrés ya no se aparte de tu lado. Todas estas son razones válidas para visitar a un terapeuta cristiano con fundamento en la fe.

No se necesita el equivalente mental de una pierna rota o una piedra en el riñón para ir a un terapeuta. Al igual que vas al médico para un examen físico y para mantenerte al día con tu salud física, puedes y debes hacer lo mismo con tu salud mental.

Tal vez estés atravesando una situación estresante o sufriendo una pérdida prevista. Tal vez siempre hayas vivido con un poco de nerviosismo, a veces centrándote demasiado en tus preocupaciones. Tal vez tomar decisiones sea, en ocasiones, más difícil de lo que debería ser. Un terapeuta puede ayudar con todas estas preocupaciones antes de que se desarrollen y se agraven. ¿El punto? El camino de sanidad se recorre mejor bajo la guía de un profesional.

Cuando vamos al médico, no dudamos en mencionarlo en una conversación. De hecho, si mencionamos delante de alguien de la iglesia que tenemos una cita con el médico, probablemente se ofrecerán a orar por ti en ese momento. Del mismo modo, si podemos hablar abiertamente de la salud física en las comunidades de fe, también podemos hablar abiertamente de la salud mental que se fundamenta en principios cristianos. Esta es un área en la cual, con empatía y comprensión, la iglesia puede involucrarse ofreciendo buenas prácticas de salud mental, tanto a quienes están en el ministerio como *también* a quienes buscan ayuda.

Culpar y hacer sentir culpable a otro son actitudes que no tienen lugar en estas prácticas ya que solo fomentan un ambiente de vergüenza. Como parte de la iglesia, podemos y debemos abrazar con mansedumbre al que sufre, incluso cuando no entendemos la situación de alguien o quizá no aprobemos cómo la está manejando. El papel de la iglesia es servir y apoyar a los demás de manera práctica y sacrificial, y ser una mano amiga es un mensaje profundamente bíblico. Debemos acompañar a otros en sus luchas, ayudar donde podamos y amar con nuestras acciones.[35]

35. «Ayúdense unos a otros a llevar sus cargas y así cumplirán la ley de Cristo» (Gálatas 6:2, NVI); «No niegues el bien a quienes lo necesitan, si en tu mano está hacerlo» (Proverbios 3:27, NVI); y «Si alguien que posee bienes materiales ve que su hermano está pasando necesidad y no tiene compasión de él, ¿cómo se puede decir que el amor de Dios habita en él? Queridos hijos, no amemos de palabra ni de labios para afuera, sino con hechos y de verdad» (1 Juan 3:17-18, NVI).

A través de esta lente, podemos abordar la sanidad con una perspectiva cristiana de verdad y amor, y forjar nuestro camino hacia la sanidad.

Depresión

Recibir el diagnóstico de depresión hizo que la enfermedad mental se volviera mucho más real para mí. Antes de eso había sido alimentada con todos los conceptos erróneos comunes sobre la salud mental, y había llegado a creer que algunas de las enseñanzas infundadas acerca de la enfermedad mental eran ciertas. Podía fingir que estaba bien el tiempo suficiente para pasar el día, y a veces, incluso me convencía a mí misma de que en realidad lo estaba. Sabía lo suficiente como para reconocer que no estaba funcionando a plena capacidad, por lo menos, pero no tenía el conocimiento, las herramientas ni los recursos para comprender la gravedad de mi enfermedad. Mi diagnóstico cambió todo eso.

Nuestra lección: Necesitamos sanar nuestra depresión.

Básicamente, todo el vocabulario científico sobre la depresión se puede reducir a una causa principal: la falta de necesidades básicas. Primero, todos tenemos necesidades físicas: comer, beber, dormir y tener un techo sobre nuestra cabeza. Estas son nuestras necesidades más básicas, las que requerimos para sobrevivir. A continuación, necesitamos seguridad frente a la violencia, los desastres naturales o el peligro en general. Deseamos estabilidad y buscamos protección. Luego, necesitamos sentir que pertenecemos. Dios creó a los seres humanos para vivir en comunidad, por lo que necesitamos compañía, amor, apoyo y conexión. El texto de Proverbios dice: «En todo tiempo ama el amigo; para ayudar en la adversidad nació el hermano» (17:17, NVI). Necesitamos ser vistos, valorados y aceptados por nuestro grupo más cercano, nuestro círculo íntimo de relaciones. Cuando no se satisfacen nuestras necesidades básicas, nos volvemos más propensos a la depresión.

Decir que la depresión de alguien «desaparecerá» si simplemente «arregla» su pecado, es una idea equivocada. La Biblia habla de la relación entre el pecado, la culpa y el bienestar emocional, pero no en términos tan simplistas. El pecado puede causar sufrimiento emocional, pero no todo el sufrimiento emocional es causado por el pecado. En el Evangelio de Juan, Jesús corrige claramente la suposición de que el sufrimiento siempre está ligado al pecado personal (9:2-3).

Aplicando la lección: Sanar tu depresión es posible.
Jesús mismo estaba bien familiarizado con las heridas de este mundo: «Despreciado y rechazado por los hombres, varón de dolores, habituado al sufrimiento» (Isaías 53:3, NVI). Sentir tristeza, experimentar síntomas de depresión y percibir insatisfacción en el alma son parte de ser humano. Dios nos creó para sentir emoción, e incluso «Jesús lloró» (Juan 11:35).

Sentir que estás buscando un remedio que siempre parece esquivo, es válido. Pero si prestamos mucha atención a lo que Jesús hizo en medio de Su propia tristeza y sufrimiento, Su primera respuesta siempre fue recurrir a Dios, el Único que puede llevar las pesadas cargas de este mundo. Se mantuvo en constante comunicación con Dios, sosteniendo Su mirada en el cumplimiento de Su propósito. Jesús nos mostró cómo abordar nuestro sufrimiento: en estrecha comunión con Dios.

Un remedio vendrá por medio de la sanidad, y la sanidad es poderosa cuando se lleva a cabo con Dios, el Sanador divino.

Suicidio

Hace unos años, escuché acerca de una muy querida esposa de pastor que se quitó la vida después de luchar contra la depresión posparto, el trastorno de estrés postraumático y la ansiedad. Me dolió el corazón por su familia: su esposo y sus cinco hijos, el menor de los cuales tenía solo meses. Esa noticia me golpeó fuerte porque sabía que podría haber sido yo tan solo un par de años antes. Cuando le conté a mi madre la desgarradora noticia, me compartió que había estado tentada a acabar con su vida cuando era adolescente. Su madre la abandonó y quedó huérfana cuando era niña. Se sentía no deseada y no veía esperanza alguna. Durante nuestra conversación telefónica, una voz al otro lado de la línea, alguien que estaba visitando a mis padres en Puerto Rico, dio noticias aún más devastadoras. Una muy querida amiga y compañera de trabajo de mi madre había fallecido la noche anterior. También se había quitado la vida.

En ese momento, sentí como si el tiempo se hubiera detenido por completo. Como cuando una escena de una película congela todo y solo el personaje principal permanece en movimiento. Vi a cuatro mujeres: a mí misma, a mi madre antes que yo, a una amiga cercana y a la esposa de un ministro a quien apenas conocía. Todas amábamos y temíamos al Señor. Todas sabíamos la verdad. Y en ese mismo espacio, todas luchamos contra el suicidio. Lamentablemente, para dos de nosotras cuatro, la batalla que librábamos en nuestra mente ganó.

Nuestra lección: ¡No te quites la vida!

Nuestras batallas son reales, y la vida es tan frágil. Un instante puede cambiar toda una vida. Agradezco que mi corazón siga latiendo, estar viva para ver la gloria del Señor en la tierra de los vivientes. Sirvo a un Dios que me ha salvado de mí misma una y otra vez. Él ha restaurado con bondad mis piezas rotas y destrozadas, y ha creado lo que ahora puedo reconocer como hermoso en mí misma. Soy un ejemplo viviente de restauración.

Aquellos que estén luchando deben saber que su tribulación no durará para siempre. El rechazo, el trauma, el dolor, las heridas y la desesperanza pueden hacer que parezca que no hay esperanza, pero todavía estás aquí, y eso en sí mismo es evidencia de que hay esperanza. Yo también soy evidencia de que hay esperanza. Dios te ama, y Él es capaz de salvar y restaurar tu vida al igual que la mía. Eres valiente, fuerte, y espectacular de maneras únicas. No dejes que el enemigo te mienta acerca de tu valor.

Oro para que pronto aprendas a ver cada día como uno digno de vivir. Ten paciencia. Espera un poco más. No dejes que la vida termine antes de tiempo. Puede que pienses: *Es fácil para ti decirlo cuando no estás en mi posición*. Pero diré que no siempre ha sido tan fácil para mí admitir que he tenido pensamientos suicidas. Cuando me di cuenta de que mi historia podría brindarle, incluso a una sola persona, la esperanza de resistir para ver lo que Dios puede hacer, supe que la contaría a las multitudes.

Aplicando la lección: Sobrevivir al suicidio

Si estás teniendo o si alguna vez tienes pensamientos sobre terminar con tu vida, díselo a alguien *de inmediato*. Es decir, en este mismo momento. Pide que no te dejen solo. Aunque ahora te parece dramático o innecesario, es mucho mejor decírselo a alguien que arriesgarlo todo. Luego, habla *de inmediato* con alguno de los profesionales de la salud que sueles consultar. Sé abierto y honesto con ellos, y no te reserves nada. Ellos pueden ayudarte a crear un plan personalizado para ti y remitirte a un profesional de la salud mental (como hizo mi partera conmigo).

Si en este momento, estás pensando en acabar con tu vida, detente por un minuto. Haz una pausa en tu lectura y llama a la línea directa de suicidio en tu área. Si tienes un teléfono inteligente, escanea este código con tu cámara. Te dará una lista de números en tu área para llamar. Hazlo ahora. Este libro estará esperando que lo retomes cuando vuelvas a estar listo.

Para quienes están acompañando a alguien que tiene pensamientos suicidas, no estén absolutamente seguros de que esa persona ha buscado la ayuda de un profesional de la salud mental. Si sientes que está en peligro inmediato, no lo dejes solo. Llama a un profesional, a los servicios de emergencia o a una línea de crisis.[36] Una vez que esté recibiendo atención, debes saber que puedes hacer una gran diferencia en su vida. Permanece presente y escucha. Permítele hablar abiertamente y expresar cómo se siente. Si bien puede que tengas dificultades para entender, ser crítico (aunque sea sin querer) no ayuda. Ten cuidado de no minimizar su experiencia. Necesita sentirse conectado y valorado durante este tiempo, así que continúa consultando con él o ella regularmente, incluso con mensajes de texto cortos expresándole: «Pensando en ti».

Mientras haya vida, hay esperanza. Que nuestra vida sea una bofetada en la cara del enemigo, un recordatorio de que todavía estamos aquí.

36. Recursos de crisis: Líneas directas para Suicidio y Crisis de Estados Unidos, llama o envía mensaje de texto a 988; Línea directa de la Administración de Servicios para el Abuso de Sustancias y la Salud Mental, 1-800-662-HELP (4357); Canadá: Talk Suicide Canada, 1-833-456-4566.

Ansiedad

Érase una vez, una niña cuyo temperamento tendía a ser bastante intenso. Era aplicada y alcanzaba grandes objetivos y logros. Pero debido a que era perfeccionista, a menudo se encontraba en situaciones que la hacían sentir ansiosa. Concursos, competencias, pruebas, eliminatorias y presentaciones que se sumaban a su trabajo académico, y que ella se tomaba muy en serio. Se destacó en la escuela y llegó a obtener un título en una universidad de la Ivy League. A medida que crecía, se acostumbró a sentirse nerviosa, suponiendo que su sensación de estar «abrumada» de vez en cuando, era simplemente algo con lo que tendría que lidiar toda la vida.

Este es un relato ficticio, pero refleja una verdad para muchas personas. Los detalles pueden variar, pero la verdad subyacente permanece: algunos de nosotros vivimos con ansiedad y ni siquiera nos damos cuenta.

Nuestra lección: echa toda tu ansiedad

Como sabemos, la ansiedad se manifiesta de diversas maneras. Puede ir desde sentir nervios hasta sufrir ataques de pánico. Estos ocurren cuando el cuerpo está en un estado de miedo, estrés o agobio tal que responde con una descarga suprarrenal frente a ese estrés o trauma. Un ataque de pánico se produce cuando algún miedo imprevisto nos toma por sorpresa, desregulando tanto el cuerpo que este bombea adrenalina extra a la sangre.[37] Los ataques de pánico son un signo evidente, pero la ansiedad a menudo pasa desapercibida porque las señales de advertencia no siempre son tan

37. Fisher, J. (24 de mayo de 2024). *Panic attacks: Recognizing and managing panic attacks and preventing future attacks.* Harvard Health Publishing. https://www.health.harvard.edu/mind-and-mood/panic-attacks-recognizing-and-managing-panic-attacks-and-preventing-future-attacks

obvias. Confundimos las respuestas naturales con ansiedad persistente. Culpamos a nuestra personalidad o carácter, pensando que simplemente somos propensos a estar nerviosos o abrumados.

Así como la Biblia no dice que la depresión «desaparecerá» una vez que hayas «arreglado» tu pecado, tampoco nos dice que podemos simplemente «orar para que nuestra ansiedad desaparezca». Esta idea *se acerca* a una verdad bíblica, pero no la expresa de manera directa y termina tergiversando lo que en realidad enseñan las Escrituras. Fuimos llamados a poner nuestras cargas sobre Jesús. La Palabra dice: «Pongan todas sus preocupaciones y ansiedades en las manos de Dios, porque él cuida de ustedes» (1 Pedro 5:7, NTV). La idea es que, en lugar de cargar con el peso de la ansiedad por nuestra cuenta, somos invitados a entregársela a Jesús, confiando en Su cuidado, fuerza y fidelidad. Esta debe ser una práctica constante. Echa *toda* tu ansiedad. Cuando esos sentimientos de inquietud, nerviosismo o tensión regresen, debemos ir a Jesús nuevamente, entregándole otra vez nuestras cargas.

Aplicando la lección: Practica técnicas de calma

La ansiedad puede golpear de repente, incluso si sabes que se ha estado gestando durante algún tiempo. Para calmar tu mente y tu cuerpo, puedes usar en el momento algunas técnicas simples. Cuando la ansiedad aparezca, comienza tomando un gran trago de agua (al menos de diez a dieciséis onzas de una sola vez). Luego, empieza a respirar más despacio. Inhala profundamente por la nariz durante cuatro segundos. Mantén esa respiración suavemente durante siete segundos. Luego, exhala lentamente por la boca durante un recuento de ocho, permitiendo que la tensión salga de tu cuerpo mientras exhalas.

Repite esto (llamado ciclo cuatro-siete-ocho) tres o cuatro veces, centrándote solo en tu respiración y en el ritmo. Puedes hacerlo mientras tus pies están firmemente plantados, para darle una sensación de estabilidad a tu cuerpo. Salir a caminar también puede ayudar a liberar parte de la energía ansiosa almacenada en tus músculos y darte tiempo para organizar tus pensamientos.

Cuando estas técnicas te ayuden a corto plazo, no olvides la necesidad de sanar a largo plazo. Y arroja continuamente tu ansiedad sobre Aquel que se preocupa por ti.

Duelo

En los Estados Unidos, el Día del Padre es una celebración especial para honrar a los padres, abuelos y a todos los que han sido padres y criado hijos. Para quienes hemos perdido a nuestros padres, es un día difícil. Ahora, mientras veo a mis hijos con su padre, mi marido, contemplo la inocencia en sus ojos mientras disfrutan pasar tiempo con papá. Me siento bendecida de que no estén familiarizados con el dolor causado por un padre ausente, la herida profunda que deja su ausencia. Sé que mi padre está con el Señor, adorando con los ángeles. Se ha convertido en parte de la gran nube de testigos que nos ven y animan nuestros triunfos. Mientras esté en la Tierra, separada de Él, habrá un dolor en mi corazón que llevaré, allí mismo junto a mi esperanza en el cielo.

Nuestra lección: Comparte tu duelo

Pasé mucho tiempo sin compartir mi duelo. He elegido confiar en que compartirlo ahora podría ayudar a quienes están afligidos a saber que no están solos. Todo el mundo experimenta el duelo en algún momento; es parte de ser humano. Comparto mi experiencia con el duelo para que te dé esperanza, porque yo sigo aferrándome a ella. Dios nos creó para vivir en comunidad, y estamos destinados a acompañarnos unos a otros en épocas de dolor. También envió al Espíritu Santo, el Consolador, a la Tierra, para ayudarnos a través de ellas.

No hay razón para ocultar nuestro dolor y tristeza. He aprendido que a menudo siento el duelo en mi pecho, como si la lava dentro de mí ardiera por salir, y he aprendido a dejarla fluir. Jesús no ocultó Sus lágrimas cuando Lázaro murió, e incluso sabía que iba a resucitar a Lázaro. Es importante que también liberemos nuestros sentimientos, incluso cuando estés en presencia de otros. De hecho, nuestros hijos necesitan aprender a liberar sus emociones de una manera *saludable*. Nuestros hijos no pueden ser nuestros pilares, y no debemos recurrir a ellos como fuentes de fortaleza. Pero sin nunca ven cómo tú expresas las emociones, crecerán sin saber con certeza cómo manejar las suyas.

Incluso cuando esperas que el duelo llegue en oleadas, probablemente todavía te tomará por sorpresa cuando llegue la siguiente ola. La tristeza por tu pérdida volverá, pero también irás sintiendo progresivamente la paz otra vez. Siempre echarás de menos a la persona que amaste y perdiste, pero el dolor disminuye con el tiempo. La pérdida se convierte en parte de ti, una parte que puedes honrar con una paz adquirida a lo largo del tiempo.

Aplicando la lección:
Cierra la brecha entre el afligido y el no afligido

La amplia brecha que se abre entre quienes atraviesan el duelo y quienes no, suele generarse por falta de comprensión que los no afligidos tienen sobre el dolor. Una vez me dijeron que la persona suele decir cosas muy extrañas e inútiles a aquellas que están atravesando un gran dolor, y realmente es cierto.

Cuando te encuentres con una persona en duelo, piensa bien las palabras que dirás en ese momento. Comentarios como: «No puedo imaginar por lo que estás pasando», solo lo hará sentir más aislado. Evita decir algo que minimice su dolor, como: «Ahora está en un lugar mejor». Sí, como creyentes tenemos la seguridad del cielo. Pero también es cierto que la separación de un ser querido causa un profundo dolor y una gran añoranza para los que quedamos en este mundo. Sí, la alegría del Señor es nuestra fuerza, *y aun así* sentimos dolor en esta vida. Evita bombardearlo con una ráfaga de preguntas. El duelo drena la energía, y su labor no es educar. Sin embargo, tu trabajo es consolar y apoyar. Permanece cercano y dale espacio para llorar.

La conmoción que trae consigo la pérdida puede hacer que el alma del doliente se sienta entumecida, como si estuviera a la deriva en un sueño o viviendo la vida de otra persona, lo cual es increíblemente desorientador. A menudo pasa de no sentir nada a sentirlo todo, el dolor más profundo que jamás había sentido, y durante más tiempo del que creía posible. No apartes la mirada de su dolor. Tal vez sea porque los dolientes ya están inundados de emociones, pero pueden percibir cuando alguien se siente incómodo. Ellos necesitan poder expresar sus emociones abiertamente, lo que requiere que tú transmitas un cierto nivel de comodidad para que puedan hacerlo.

El duelo puede ser excepcionalmente aislante porque, para quien lo vive, puede parecer que nadie entiende por lo que está pasando. A decir verdad, no puedes comprender completamente su pérdida, incluso si has perdido a un ser querido. Puede que hayas experimentado duelo por una pérdida en el pasado, pero no has experimentado *su* duelo por *su* pérdida. A veces, escuchar las experiencias de otros con el duelo puede ser útil para quien está afligido. Pero si compartes tu experiencia con el duelo también puede parecer que minimizas su pérdida. No has vivido su vida, no has tenido esa relación, no has experimentado esa pérdida. Este es un equilibrio delicado, así que está bien preguntar en qué podrías serle útil. Cuando dudes en qué ayudar, recuerda que en la mayoría de los casos lo que más consuela a quienes están en duelo es el «ministerio de presencia». Permanece presente, guarda calma, quédate a su lado y dale espacio para que su dolor siga el camino que necesite en ese momento.

Dios no está distante cuando sufrimos. De hecho, Él se acerca aún más. Cuando tu corazón se rompe por el dolor, Dios está *cerca* y Él *salva*, no siempre cambiando instantáneamente la situación, sino estando presente, ofreciendo paz y sosteniéndonos a través de ella.

Estrés

Cuando pasas un período prolongado en un estado de gran estrés, tu cuerpo se mantiene en un constante modo de supervivencia. *Haz lo que sea necesario para sobrevivir*, dice. *No bajes la guardia.* Por necesidad, tu organismo desarrolla el hábito de bombear adrenalina y cortisol. El trauma y el estrés extremo van de la mano, siendo el primero el que conduce al segundo. En mi caso, el trauma de dar a luz a nuestro primogénito desencadenó un estado de alto estrés cuando quedé embarazada de nuestro segundo hijo. Sufrí un trastorno de estrés postraumático desde mi primer parto, y mi cuerpo intentaba, sin éxito, autorregularse.

Nuestra lección: Identifica la preocupación más profunda.

El estrés es un indicador común de una preocupación más profunda. En el capítulo anterior, mencioné que cuando se ignora la petición de descanso de tu ser, la depresión encuentra un terreno fértil donde arraigarse. Por supuesto, una de las causas más privativas del descanso en la vida es el estrés, por lo que este puede empeorar la salud mental y también originar un trastorno de salud mental. Entonces ¿qué sucede cuando el estrés y la falta de descanso se acumulan? *A menudo* aparece la depresión. Pero quizás no lo reconozcamos como depresión, sino solo como estrés, porque la depresión imita al estrés, pero en una forma desregulada y prolongada que ya no cumple una función saludable.[38]

Si estás experimentando un nivel de estrés más alto de lo normal, algo está ocurriendo y debes prestarle atención. Sentir estrés es la forma en que tu cuerpo te lo comunica. Puede que ya sepas qué lo está causando, pero no tienes claro cómo lidiar con ello. O tal vez no tengas idea de por qué estás tan estresado. Por esa razón es útil buscar la guía de un profesional, ya que puede ayudarte a manejar tu estrés e identificar su causa.

Para que tu cuerpo sepa que ya no tiene que estar en modo de supervivencia, debe estar convencido de que el peligro terminó. Puedes intentar razonar con tu cuerpo todo el día (y la noche), diciéndole que ya no estás en peligro, pero hasta que reciba el mensaje en un lenguaje que comprenda, el estrés seguirá siendo cíclico. Cuando te quedas despierto por la noche, incapaz de dormir. Cuando te despiertas empapado en sudor. Cuando te sobresaltas cada vez que un coche frena delante de ti. Tienes que comunicarte en el lenguaje que el cuerpo entiende.

Aplicando la lección: Completa el ciclo de estrés.

El estrés tiene un ciclo. Si ese ciclo no sigue su curso, el cuerpo tiene dificultades para entender que está a salvo y, en consecuencia, reacciona. Por lo tanto, debes completar el ciclo del estrés. Este comienza con un *estresor* (factor estresante), que es «cualquier cosa que veas, escuches, huelas, toques, pruebes o imagines

---

38. Gold, P. (2024, febrero). *The relationship between depression and stress. Psychology Today.* https://www.psychologytoday.com/us/blog/next-generation-research/202402/the-relationship-between-depression-and-stress.

que podría hacerte daño».[39] El estrés es lo que sucede cuando tu cuerpo y tu cerebro cambian en respuesta a esa amenaza percibida, con el fin de prepararte para sobrevivir.

Como seres humanos, no hemos evolucionado en nuestra respuesta al estrés desde los días de nuestros antepasados que vivían en la naturaleza hace miles de años. Hoy en día, nuestro cuerpo reacciona al recibir un correo electrónico con malas noticias mientras estás sentado en una oficina, de la misma manera que el cuerpo de nuestros antepasados reaccionaba si eran perseguidos por un animal salvaje depredador. No darle al estrés una vía de salida de nuestro cuerpo puede causar estragos en cada área de nuestro ser. Puede conducir al agotamiento e, incluso, a la depresión.[40]

Aquí tienes una descripción básica de lo que es el ciclo del estrés:

1. **Aparece un estresor.** Puede ser el trabajo, un conflicto familiar, pérdida de dinero, etc.
2. **El sistema de respuesta al estrés del cuerpo se activa.** Las hormonas del estrés y la adrenalina extra comienzan a fluir abundantemente a través de tu cuerpo, y tu sistema circulatorio cambia para permitirte luchar o huir.
3. **El estresor es afrontado.** Lo superas y *luchas* (en un sentido figurado, ya que la agresión física suele ser inapropiada cuando el estresor no representa un peligro físico inminente), o te apartas y *huyes* de la situación.
4. **Cierra el ciclo.** Le dices al cuerpo que está a salvo moviéndote físicamente, con respiración profunda, riendo o llorando, en conexión física con un ser querido, a través de la creatividad o mediante la conexión social.

39. Nagoski, A. (2019). *Burnout: The secret to unlocking the stress cycle.* Ballantine Books.
40. *Ibid.*

5. **El sistema de descanso y recuperación del cuerpo se activa.** Te hidratas, comes alimentos nutritivos y duermes.

Aquí tienes algunos mensajes iniciales que puedes enviar a tu cuerpo en su propio lenguaje para ayudarlo a completar el ciclo del estrés:

1. **Haz algo de actividad física.** La mejor manera de indicarle a tu cuerpo que estás *huyendo del* estresor y *corriendo hacia* la seguridad es participar en actividades físicas que eleven tu ritmo cardíaco y te hagan sudar de forma continua durante veinte minutos o más, al menos tres veces por semana, o en días en que te enfrentas a muchos estresores.
2. **Encuentra un espacio seguro.** Ve a tu casa, habitación, armario o donde sea que te sientas seguro. Respira para calmar tu cuerpo.
3. **Expresa tus sentimientos.** Ríe, llora, regocíjate, grita, canta. Relájate para liberar tu estrés.
4. **Come alimentos saludables y nutritivos.** Incluye verduras verdes, frutas crudas y proteínas magras para nutrir y fortalecer tu cuerpo. Hidrátate bien y usa suplementos nutricionales para compensar la falta de nutrientes en nuestras dietas modernas.
5. **Busca tu comunidad de personas más queridas.** Pasa tiempo con tu tribu, tu círculo íntimo y tu comunidad de fe. Reúnete para reconfortar tu cuerpo. ¡Las redes sociales no cuentan! Asegúrate de tener conexiones cara a cara reales.
6. **Ten un contacto físico seguro con un ser querido.** Los estudios muestran que un fuerte abrazo que dure veinte segundos o más, estimula la liberación de oxitocina (una hormona reparadora del cuerpo que genera bienestar), reduce el cortisol (hormona del estrés) e incluso ayuda al cuerpo a regular la

presión arterial y la frecuencia cardíaca. Este tipo de contacto seguro con un ser querido o incluso con una mascota puede enviarle al cuerpo un mensaje de seguridad.[41]

7. **Duerme bien.** Duerme al menos ocho horas, y más si es necesario. Establece una rutina consistente para la hora de dormir y acuéstate a la misma hora cada noche, incluso los fines de semana. Evita las pantallas, la cafeína y las comidas pesadas antes de acostarte para ayudar a tu cuerpo a relajarse de forma natural.

Jesús modeló cómo romper el ciclo del estrés. En los próximos capítulos veremos algunos ejemplos bíblicos específicos de cómo Jesús rompió ese ciclo. A lo largo de los Evangelios, Él subía regularmente a las montañas o a lugares solitarios para estar a solas con Dios, especialmente durante las temporadas intensas de ministerio o de tensión emocional. Cuando llegaba al lugar donde se sentía más seguro, podía estar con Dios, dejar Sus cargas y recargar fuerzas. Luego, regresó renovado para continuar cumpliendo el propósito que Dios le había encomendado. Esto formaba parte del camino que Jesús trazó para sí mismo, sanando en tiempo real.

41. Eccker, E. (s. f.). *The 6-second kiss & the 20-second hug: Small habits that heal big wounds.* https://www.myvc.org/post/the-6-second-kiss-the-20-second-hug-small-habits-that-heal-big-wounds#:~:text=The%20same%20goes%20for%20the,—they're%20physiological%20anchors

NOTAS

PARTE II

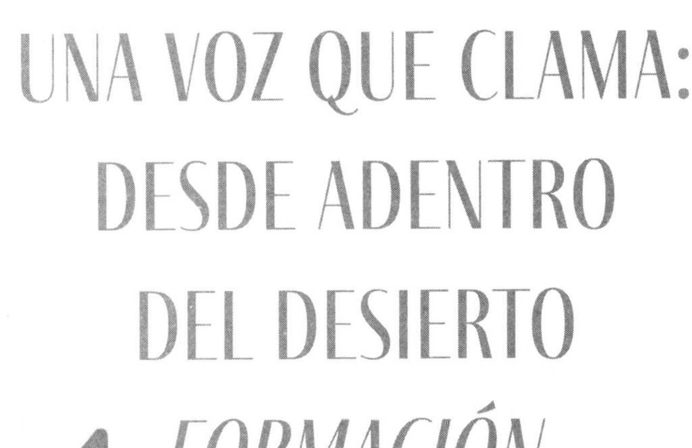

UNA VOZ QUE CLAMA: DESDE ADENTRO DEL DESIERTO

FORMACIÓN

CAPÍTULO 5

EL COSTO DE LA SANIDAD

Una vez que acepté que necesitaba sanar, supe que tenía que abordarlo con practicidad para avanzar; es decir, sabía que necesitaba adoptar un enfoque práctico para sanar. Aunque elegí sanar por mi propio bien, en última instancia estaba eligiendo volverme completa, convertirme en la persona que Dios me creó para ser.

A medida que nos alineamos con Dios, lo que Él desea *para* nosotros y *de* nosotros se vuelve mucho más claro. Dios nos dio un corazón para amar, una mente para razonar, un alma para creer y fuerza para actuar. Él quiere que usemos las cuatro partes de nuestro ser, que las usemos bien, al máximo de nuestro potencial y que le demos gloria. Nos convertimos en quienes Dios quiere que seamos cuando sanamos cada parte de nuestro ser. Y nos volvemos completos al sanar.

Sin rodeos, la sanidad tiene un costo. No hay manera de barrerlo debajo de la alfombra o de ocultarlo en algún lugar fuera de la vista. Simplemente no hay forma de evitarlo. Y la idea de elegir consciente y voluntariamente pagar su costo puede ser desalentadora. *Pero eso no significa que no valga la pena.* Porque puedo decirte que la sanidad tiene su costo.

Puedes prepararte para algunos de sus desafíos simplemente sabiendo que debes esperarlos. De esa manera, cuando te enfrentes a ellos, no te tomarán por sorpresa. Aquí es donde mi experiencia es útil: te voy a advertir sobre algunos de ellos, no para asustarte, sino para prepararte. Puedes tomar lo que he aprendido en mi propio viaje y usarlo para prepararte en el tuyo.

Experimentando temporadas y esperando emociones

El tercer capítulo de Eclesiastés, un libro de sabiduría, comienza: «Hay una temporada para todo, un tiempo para cada actividad bajo el cielo» (v. 1, NTV). Estas palabras nos invitan a reconocer que la vida se desarrolla en temporadas: estaciones de alegría, estaciones de tristeza, estaciones de desierto; temporadas de abundancia, temporadas de escasez, temporadas de sanidad.

Estas estaciones traen emociones consigo. Debemos esperar que las estaciones cambien *y también* nuestras emociones con ellas. Eclesiastés no nos llama a escapar de nuestras emociones, sino a abrazarlas como parte del ritmo que Dios nos dio para vivir como seres humanos. Hay «un tiempo para llorar y un tiempo para reír. Un tiempo para entristecerse y un tiempo para bailar» (v. 4) y, significativamente, «un tiempo para sanar» (v. 3). Este pasaje afirma que hay un tiempo para sentir cada emoción: dolor, ira, esperanza, agotamiento, alegría. No estamos hechos para permanecer siempre en la alegría ni para quedarnos indefinidamente en el dolor. Todas forman parte de nuestra experiencia vivida.

La sanidad es una temporada, y el proceso de sanidad es un viaje por el desierto. Sanar significa honrar nuestras emociones, darles espacio y confiar en Dios en medio de esta etapa. Al hacerlo, pasamos de la resistencia a la aceptación, de ocultarnos a vivir con sinceridad y de la supervivencia a la plenitud.

Sanar duele

¿Recuerdas cuando eras un niño y expresabas todas tus emociones sin reservas? Si eras feliz, saltabas de alegría. Si estabas triste, llorabas, a veces muy fuerte. Si estabas cansado, probablemente también terminabas llorando. No importaba dónde estuvieras, especialmente cuando eras muy pequeño. Si lo sentías, lo expresabas. Cuando somos niños, realmente no sabemos cómo regular nuestras emociones, pero a medida que crecemos aprendemos a manejarlas un poco mejor. Ahora, como persona adulta, no rompes a llorar desconsoladamente cuando en la tienda se acaba tu helado favorito.

Pero hay una diferencia entre *regular* tus emociones y *conquistarlas*. Si ves tus emociones como algo que hay que conquistar, contra lo que luchar y librar una guerra, corres el riesgo de evitarlas, adormecerlas o reprimirlas. En algún momento del camino entre tu infancia y la vida adulta, es posible que hayas aprendido a manejar tus emociones para no sentirlas plenamente, o incluso anularlas totalmente.

Dejar que las emociones atraviesen nuestro cuerpo es una parte necesaria del proceso de sanidad. Es esencial para sanar. No solo experimentamos emociones mentalmente; también las sentimos físicamente. Podemos identificar sentimientos de miedo, tristeza, dolor o ira por la tensión en nuestros cuerpos, la opresión en nuestro pecho o nuestro estómago hecho un nudo. Los expertos en salud mental sugieren no etiquetar las emociones como «malas» o «buenas», pero todos reconocemos una emoción incómoda y dolorosa frente a una perfectamente agradable.

El hecho de que no reconozcamos las emociones incómodas ya sea evitando, adormeciendo o reprimiendo, no significa que no estén ahí. Toma la ira, por ejemplo. Nos enfadamos cuando no conseguimos algo que queremos. Podrías pensar que, si reprimes tu ira lo suficiente o la ignoras durante el tiempo necesario, desaparecerá. Pero no lo hace. Se aloja en algún lugar dentro de ti, pudriéndose hasta que se transforma en resentimiento.

Las emociones no procesadas, como la ira, pueden transformarse en estados más profundos y dañinos. El dolor albergado puede convertirse en amargura. El miedo puede convertirse en ansiedad. La vergüenza puede convertirse en autodesprecio. En el caso del miedo o la vergüenza no procesados, nuestros cuerpos continúan respondiendo al estrés, porque, para el cuerpo, el dolor todavía está ahí. Así que el miedo y la vergüenza tienen el potencial de convertirse en ansiedad o en estrés crónico. Y si crees que puedes elegir qué emociones sentirás y cuáles no, estás equivocado. Las emociones no funcionan así: es todo o nada. Si te propones no sentir emociones dolorosas y trabajas en ello el tiempo suficiente, perderás la capacidad de sentir las emociones más agradables. Cuando adormeces el dolor, lo adormeces por completo, y eso le abre la puerta fácilmente a la depresión.

Nuestra tendencia natural es huir del dolor, lo que significa que nuestro reflejo automático es escapar de él. Pero cuando nos negamos a reconocer emociones dolorosas, solo ocultamos nuestro dolor, ya sea de nosotros mismos o de todos los demás. Terminan residiendo en nuestro interior. Por mucho que pensemos que las hemos empujado hacia abajo o apartado a un lado, todavía están allí, escondidas en nuestro corazón, alojadas en nuestra alma, pesando en nuestra mente. Por mucho que intentemos escapar de ellas, en realidad terminamos reteniendo nuestro dolor, aferrándonos a él sin darnos cuenta. Al final, prolongamos innecesariamente o incluso creamos más sufrimiento para nosotros mismos.

Entonces, ¿cómo las dejas ir? Quédate con tus emociones y *siéntelas*. Permanecer con sentimientos incómodos es difícil. A veces, es lo último que queremos hacer. Ciertamente lo fue para mí. Muchas veces quise arremeter contra mi terapeuta al finalizar una sesión cuando ella me decía que debía aprender a *sentarme con ellos* (mis sentimientos), es decir, quedarme quieta, en silencio y sentirlos, dejando que el dolor atravesara mi cuerpo.

En uno de esos momentos en que me enojé y arremetí contra ella, le pregunté cómo podía pedirme que me sentara con sentimientos que provenían de horribles experiencias traumáticas que había vivido de niña. Su respuesta me dejó atónita, y sus palabras permanecen conmigo hasta el día de hoy: «*Si no te aquietas para sentirlas, no podrás averiguar de dónde vienen. Por lo tanto, no sabrás qué es lo que necesitas sanar*». Habría dado cualquier cosa por no tener que ir a esos lugares dolorosos de mi alma. Pero ese día entendí que, si no lo hacía, algo malo solo empeoraría. Necesitaba hacer el cambio y decidir si me iba a *sentar con mis sentimientos* para poder *sanarlos*.

Cuando haces esto, puedes buscar a un amigo en cuyo hombro llorar o una almohada contra cuya funda gritar. Escribe en un diario tus pensamientos o una carta que nunca tengas que enviar. Procesar externamente ayuda a dar claridad a tus pensamientos y combate el impulso de suprimir tus emociones. Pinta un cuadro, haz un dibujo, escribe un poema, canta una canción. Procesa tus emociones de forma creativa, dándoles espacio. Sentirlas te permite dejarlas ir para que pasen a través del cuerpo y puedan salir. Visualiza una emoción desafiante con aceptación en lugar de resistencia, permitiendo que el dolor fluya y atraviese tu cuerpo.

Cuando no procesamos nuestras emociones, se les impide llegar al otro lado del dolor. Tenemos que permitirnos *sentirlas* para que puedan pasar *a través* de nuestro cuerpo. De esta forma le damos la oportunidad de regularse, le hacemos espacio para que el dolor atraviese nuestro cuerpo. Aunque parezca contraproducente, en realidad es la única manera de avanzar con claridad y paz. Dejar que las emociones pasen, *sentirlas plenamente*, les permite moverse y ser liberadas, en lugar de permanecer atrapadas dentro de nosotros y causarnos un daño a largo plazo. Poco a poco, volverás a sentir paz. El dolor que sientes al principio no durará para siempre. Y Dios estará contigo, justo en medio de todo.

Clamores del desierto

Durante sus andanzas por el desierto, los israelitas clamaron a gritos suplicando a Dios varias veces. Cuando estaban asustados en el Monte Sinaí, sintieron un profundo temor en la presencia de la santidad de Dios. Éxodo dice: «Cuando los israelitas oyeron los truenos y el toque fuerte del cuerno de carnero y vieron los destellos de relámpagos y el humo que salía del monte, se mantuvieron a distancia, temblando de miedo» (20:18, NTV). Dios había descendido sobre la montaña en fuego, y la tierra tembló debajo de ellos. No era la primera vez que los israelitas presenciaban la demostración del poder de Dios, por supuesto, pero se les recordó lo pequeños que eran y lo grande que es Dios. Así que clamaron, rogándole a Moisés que hablara con Dios por ellos: «¡Háblanos tú y te escucharemos, pero que no nos hable Dios directamente, porque moriremos!» (Éxodo 20:19). Abrumados por Su santidad, temían morir y clamaban en su angustia.

Luego, después de crear y adorar al becerro de oro, los israelitas se enfrentaron al peso de su traición y a las consecuencias de su pecado (Éxodo 32-33). Moisés había estado en el Monte Sinaí, y se cansaron de esperar a que regresara. En su ausencia, la impaciencia se apoderó de ellos. Cuando Moisés descendió y vio que habían creado un ídolo, rompió las tablas movido por el dolor y la ira. Fue una ruptura profunda en la relación. Sin embargo, ese momento se convirtió en un punto de inflexión para los israelitas porque, al comprender la gravedad de su pecado, el pueblo quedó desolado (33:4). Gritaron, temiendo la sola idea de perder la presencia de Dios. Cargados de culpa por sus acciones, se arrepintieron con humildad.

Después de que mi terapeuta me explicara por qué necesitaba sentarme con mis sentimientos, obtuve una nueva perspectiva e incluso un renovado sentido de compasión por el pueblo de Israel en el desierto, lo que me permitió especular un poco sobre lo que las Escrituras no nos revelan explícitamente. ¿Y si el acto de los israelitas de construir aquel becerro de oro fue, en el fondo, una manera de huir del silencio del desierto? ¿Y si la quietud de la espera empezó a abrir un espacio en el que comenzaron a enfrentar, a *sentarse con* las cosas que no querían sentir?

Piénsalo. Acababan de dejar una vida de esclavitud multigeneracional llena de abuso y trauma diarios. Todo lo que sabían era sobrevivir. Sus cuerpos debían de estar en estrés crónico, que probablemente había estado presente toda su vida hasta ese momento. ¿Y cuál fue su método de supervivencia en Egipto? Consistía en tratar de mezclarse con la sociedad egipcia y adoptar su forma de vida. Sí, esperaban con anhelo que Moisés les trajera una palabra de Dios. Pero tal vez su decisión de construir aquel becerro fue su manera de huir del dolor que quizá estaba aflorando mientras permanecían en quietud. Quizá no alcanzaban a comprender que la quietud era una oportunidad para sentir y explorar su dolor, a fin de sanarlo.

Podía entender esto, y aun lo entiendo ahora. Huí de mi dolor durante décadas. Llené mi silencio con todo lo que pude para acallar el eco de mis heridas. En tiempos de los israelitas, la vía de escape elegida era la idolatría. Hoy, podemos huir del dolor con otras cosas que nos llevan de regreso a *nuestro* Egipto, ese lugar que nos resulta familiar. Sea el exceso de trabajo, la ansiedad por comer, el abuso de sustancias u otras adicciones, conductas como estas pueden convertirse fácilmente en mecanismos para evadir el problema verdadero y su raíz. Los seres humanos tendemos a huir del dolor. Pero cuando escapamos de la verdad en medio de nuestro dolor, descubrí que eso suele revelar algo más: una tristeza profunda y penetrante.

Cuando los israelitas supieron que Aarón había fallecido, se enfrentaron a otra oportunidad de «sentir para sanar». Y entraron en una temporada de dolor comunitario. Aarón, el sumo sacerdote y hermano de Moisés, había sido un líder espiritual central y un pilar de estabilidad durante todo su peregrinar por el desierto. Cuando murió, los israelitas percibieron que se avecinaba un cambio: el fin de una era. «Cuando el pueblo se dio cuenta de que Aarón había muerto, todo Israel lo lloró por treinta días» (Números 20:29, NTV). No fue un momento breve ni privado, sino un clamor colectivo de tristeza, un reconocimiento público de una profunda pérdida. Su duelo reflejaba no solo el afecto personal por Aarón, sino también un sentido compartido de vulnerabilidad y cambio. Gritaron, expresando su dolor abiertamente como un solo pueblo.

Este es el clamor que grita en el desierto: tomarte el tiempo para sentarte con tus emociones, dejándolas fluir a través de ti para luego salir. Cuando los israelitas experimentaron emociones dolorosas, gritaron al Señor. Cuando tú experimentes emociones dolorosas, grita al Señor. Al hacerlo, tu voz se convierte en evidencia de tu sanidad. Será una prueba de que estás sintiendo las emociones que debes permitirte sentir para que puedan pasar a través de ti, una parte integral del proceso de sanidad. Mientras estés dentro de tu desierto, usa tu voz para gritar; déjala salir mientras liberas tus emociones. Deja que tu voz sea el acueducto a través del cual fluyan las aguas sanadoras de Dios.

Este es *tu* clamor que grita en el desierto.

Sanar es un reto

El dolor nos aísla, mientras que la sanidad florece en la conexión. No hay necesidad de sanar en soledad. Como mencioné antes, la sanidad se hace mejor con un profesional que puede ayudar a desentrañar el dolor emocional y las luchas internas. Su trabajo es guiarnos hacia la sanidad y la plenitud. Cruzar el umbral de la oficina de un terapeuta puede ser un desafío, pero es un movimiento valiente y admirable.

Si la idea de un terapeuta es nueva para ti, esto puede sonar trillado, pero los terapeutas realmente te dan un espacio seguro y de apoyo, para que puedas hablar abiertamente. Es una zona libre de juicios. La confidencialidad es uno de los principios éticos y legales más importantes en la atención de la salud mental, por lo tanto, lo que le digas a tu terapeuta permanecerá con él. Ellos ofrecen apoyo emocional, y eso solo sienta una base para la sanidad. Para mí, la clave más importante para desbloquear mi sanidad no era solo tener un buen terapeuta, bien preparado, sino tener uno que se apoye en el Espíritu Santo en cada sesión. No puedo enfatizar cuán importante es tener un terapeuta cristiano practicante que base su fe en Cristo.

El resto es muy parecido a un paseo en Safari: tú conduces, ellos guían. Dado que nuestras luchas actuales a menudo están conectadas con el dolor pasado, tienes que indagar un poco para encontrar la raíz, y ellos te guían a medida que excavas. Te ayudan a identificar el «porqué» detrás de tus pensamientos, emociones y comportamientos y te guían para hacer cambios saludables. Pueden identificar patrones nocivos y ofrecer orientación sobre el redireccionamiento.

Tómame a mí como ejemplo. Sabía que estaba agotada, pero no podía precisar por qué. Sabía que mis pensamientos no eran útiles, pero no podía dejar de tenerlos. La terapia me ayudó a entender el «porqué» y me equipó con herramientas para navegar mi vida hacia adelante.

Realizar el procesamiento externo con un profesional es en realidad una técnica de sanidad en sí misma. Su perspectiva objetiva es diferente a la perspectiva de cualquier extraño. Ellos están entrenados para ayudarte a replantear las experiencias de tu pasado y dejar de lado cualquier vergüenza que cargues por ellas. Y aunque todos somos críticos con nosotros mismos, podemos llegar a un nivel en el que esas críticas se vuelvan duras, inútiles y nos impidan sanar. Tu terapeuta puede ayudarte a analizar las críticas duras e inútiles. Con el tiempo, tú mismo podrás hacerlo.

La terapia se trata de aprender a sanarte de adentro hacia afuera. Debido a que tu corazón, alma, mente y fuerza están interconectados, tu salud mental influye a todas esas áreas. Así que a medida que te sanas por dentro, también empiezas a navegar por tu vida de una manera más saludable.

Sanar es incómodo

Poco tiempo después de comenzar la terapia para la depresión posparto, retomé mi gira y estaba viajando bastante de nuevo. Durante una entrevista de radio con amigos míos, me hicieron una pregunta muy común. Me preguntaron cómo era mi vida con un recién nacido y un niño de un año. Pero realmente no estaba preparada para que me preguntaran eso.

Mi mente se aceleró tratando de pensar qué responder. La verdadera respuesta definitivamente no iba a ser lo que esperaban, pero una respuesta falsa iba a ser poco sincera. Pero decir la verdad iba a revelar más de lo que pensé que estaba lista para compartir. Una mentira me iba a escudar de tener que ser vulnerable. Pero algunos años antes de este momento, le había hecho una promesa al Señor: no mentiría. Esta pregunta me pesó mucho, y tuve que decidir cómo responderla en el momento. No había posibilidad de decir: «Déjame orar al respecto y luego te respondo». Así que decidí no mentir. Simplemente no lo haría.

«Bueno, acaban de diagnosticarme depresión posparto severa, y estoy pasando probablemente por la temporada más oscura de mi vida», respondí de forma concisa. Y luego, los grillos. Hubo un gran silencio. Sin palabras, sin susurros, sin nada. Podrías haber escuchado un alfiler caer en ese estudio. Pero sorprendentemente, después de ese silencio momentáneo, las luces de líneas telefónicas llamando comenzaron a iluminarse una tras otra. La gente llamaba para decirme que estaba pasando por lo mismo u otros problemas de salud mental y que se sentía animada por mi confesión.

No te estoy animando a que llames a un programa de radio para compartir públicamente tu decisión de buscar sanidad. Pero te animo a que sepas que no hay nada vergonzoso en haber sido lastimado, seguir sufriendo o necesitar ayuda. Debido a que nuestra sociedad tiende a recompensar la fuerza, promover el poder, buscar el control y desear gratificación instantánea, ese no es un mensaje predominante, aunque debería serlo. El mensaje que escuchamos de la sociedad es: cuanto antes puedas recuperarte de algo, mejor. Así que cuando nos lleva más de cinco minutos recuperarnos, nos sentimos avergonzados porque nos preocupa que nos consideren frágiles o no lo suficientemente resistentes.

Cuando admitimos que no lo tenemos todo resuelto, a nuestro círculo cercano, a nuestra familia, a nuestro terapeuta, a quien sea, nos ponemos en una posición vulnerable. Pero la sanidad requiere vulnerabilidad. Y la sanidad verdadera, profunda y significativa lleva tiempo; es un proceso lento. Las personas que se preocupan por ti te apoyarán con ternura. Antes de que puedan hacerlo, debes bajar tus defensas de autoprotección. A diferencia de las soluciones rápidas o el afrontamiento a nivel superficial, la verdadera sanidad nos pide suavizar, soltar nuestras defensas, llorar por lo que se ha perdido y sentarnos con la incomodidad sin tratar de escapar rápidamente de ella.

Sanar es un proceso continuo

Después de que Moisés hablara el Shemá a los israelitas, abandonaron el desierto y entraron en la tierra prometida como un pueblo completo. Aunque en la tierra prometida fluía leche y miel, no era el cielo en la Tierra. Los israelitas tuvieron que perseverar, incluso enfrentando más desafíos para conquistar la tierra y mantener su identidad como una nación. Comparativamente, llegarás a un punto en el que tu ser esté completo. Encontrarás que eres capaz de funcionar plenamente y amar con todo tu corazón, mente, alma y fuerza. Habrás salido del desierto.

Pero la sanidad no es una casilla que marcas o una tarea que tachas de tu lista de pendientes. Ni siquiera es un viaje que necesariamente llega a un final inmediato. Tu viaje de sanidad fuera del desierto llegará a su fin, pero en realidad nunca dejamos de sanar. Desde el momento en que salgas de tu desierto, tendrás que perseverar, cuidando y nutriendo las cuatro partes integrales de tu ser. La sanidad se convierte en un proceso constante y continuo. Se convierte en un trabajo de mantenimiento sobre esas cuatro partes integrales de tu ser para que puedas permanecer íntegro.

Cuando elegí el camino que llevaría a la sanidad, simultáneamente elegí un viaje difícil para emprender, el más difícil de los dos caminos. No avancé por el camino fácil, retozando y brincando alegremente. Me puse a forjar mi propio sendero y caminé a través de mi desierto metafórico y sus condiciones igualmente duras. Puede que hoy estés atravesando tu desierto. Pero si eliges sanar, *saldrás de él.*

Y el camino más difícil resultará ser, al final, el más gratificante.

NOTAS

CAPÍTULO 6

VALENTÍA SOBRE LA COMODIDAD

En abril de 2019, Netflix lanzó un especial titulado *Brené Brown: The Call to Courage* [Brené Brown: El llamado a la valentía]. Brené es profesora de investigación en la Universidad de Houston, y ha hecho un extenso trabajo sobre la vergüenza y la vulnerabilidad. Fiel a su estilo académico, su programa especial es una conferencia en la que enseña sobre elegir tener valentía en lugar de permanecer cómoda. La vulnerabilidad, dice, es el lugar de nacimiento de la sanidad: «La vulnerabilidad no es ganar ni perder. Es tener el valor de presentarse y dejarse ver cuando no tenemos control sobre el resultado». La vulnerabilidad requiere valentía, al igual que sentir emociones dolorosas, sentarse incómodo, pedir ayuda, ser auténtico, ir a terapia, todo eso.

Casi cualquier orador motivacional dirá que, si te sientes cómodo, no estás creciendo. Yo también diría que, si no estamos siendo valientes, probablemente no estamos sanando. La sanidad requiere vulnerabilidad, y la vulnerabilidad requiere valentía, por lo que debemos elegir ser valientes para poder sanar.

Realmente no hay otra manera.

Tirando del proceso

Si alguna vez has escuchado la frase: «Levántate por tus propios medios», o esa conocida frase estadounidense: *Pull yourself up by your bootstraps* (levántate tirando de las correas de tus botas), probablemente haya sido en una situación difícil. En el uso estadounidense, es un símbolo de determinación, trabajo duro y autosuficiencia. El Diccionario Merriam-Webster lo define como «promover o desarrollar por iniciativa y esfuerzo con poca o ninguna ayuda».[42] Pero no siempre significó eso. Originalmente, era una broma.

El dicho surgió en el siglo XIX. Su primer uso registrado apareció en un artículo publicado en *The Workingman's Advocate* el 4 de octubre de 1834: «Se conjetura que el señor Murphee ahora podría cruzar el río Cumberland o saltar la cerca de un corral, valiéndose de las correas de sus botas». El Sr. Murphee (quienquiera que fuera) no podría haberse levantado literalmente tirando de sus botas. Cuando lo piensas bien, el acto de levantarte a ti mismo del suelo tirando de tus propias botas es físicamente imposible. Haber logrado eso habría sido todo un milagro. La frase se usó como un absurdo.

Con el tiempo, la frase evolucionó. Pasó a usarse para describir a alguien que había logrado lo imposible por su cuenta. Cuando alguien tenía éxito por su propio mérito y trabajo duro, se lo elogiaba por «levantarse por sus propios medios». Este es el significado que la frase todavía conserva hoy en día. Si te dicen que te levantes tirando de tus propias botas, te están diciendo que hagas el trabajo duro. Si te elogian por haber tirado de tus propias botas, has logrado una hazaña desafiante con el nivel de determinación que requirió.

Me levanté tirando de mis propias botas, o mejor dicho, me até bien los cordones de mis zapatillas deportivas, hace unos años. Uno de los objetivos que me propuse después de que me diagnosticaran depresión posparto fue mejorar mi salud física. Quería ponerme en forma, pero no me importaba perder peso ni pensaba en usar un traje de baño en verano. Me preocupaba ser fuerte por

---

42. Merriam-Webster. (s. f.). *Bootstraps*. En *Merriam-Webster.com dictionary*. https://www.merriam-webster.com/dictionary/bootstraps. Consultado el 20 de junio de 2025.

mis hijos, por mi esposo, para el servicio de Dios y por las personas a las que guío e influyo.

Así que empecé a correr. La gente ama correr o lo detesta con todas sus fuerzas. Llámame loca, pero por mucho que deteste poner a prueba mis límites físicos, correr es algo que me resultó liberador. Me sentía como si estuviera lejos del mundo, pero al mismo tiempo conectada con él. También sentía dolor en las piernas, rigidez, falta de aire y los calambres laterales más horribles, especialmente al principio. Empecé lento y corto, con un objetivo sencillo. No estaba pensando en correr 5 km o siquiera un kilómetro. Quería poder decir: «Hoy estoy un poco más saludable que ayer».

Correr se convirtió en una forma de recuperar mi salud física y practicar la autodisciplina, porque necesitaba la fuerza de voluntad para salir al pavimento (o a la cinta de correr) de forma constante. A medida que ganaba resistencia y fuerza, aumenté gradualmente mi régimen de entrenamiento y puse mi mirada en correr un 5k. Realmente nunca pensé que podría alcanzar la meta física de correr 5 kilómetros. ¿Yo? ¿Correr 5.000 metros? Supuse que podía entrenar tanto como quisiera, pero lo más probable era que jamás alcanzara esa distancia de una sola vez bajo mis zapatillas de correr.

Pero decidí esforzarme tanto como pudiera. Seguí un plan de entrenamiento para correr bastante estricto, y traté de no saltarme los ejercicios. He aprendido que los corredores tienden a ser bastante disciplinados por naturaleza, lo cual tiene sentido. Prácticamente tienen que serlo. Si te pierdes unos días de entrenamiento, ¡vaya que lo sientes al día siguiente que vuelves a correr! No armé una dieta restrictiva, pero sí presté mucha atención a lo que estaba comiendo, tratando de incorporar tantos alimentos nutritivos como fuera posible. Aumenté mi consumo de agua e hice del descanso una prioridad. Fue un proceso lento, pero seguí avanzando.

Recuerdo vívidamente el día en que alcancé mi objetivo. De hecho, lo superé, y definitivamente no esperaba hacer eso. Pero ese día, corrí unos 5,15 km, una distancia que nunca pensé que lograría. Estaba decidida a dar lo máximo, y me esforcé mucho para cruzar esa línea de llegada. Mis zapatillas de correr literalmente se habían convertido en botas figurativas. Había logrado lo que creía imposible.

La diferencia entre el «levantarse por sus propios medios» de nuestra era moderna y el mío, en parte estaba en «con poca o ninguna ayuda». Yo asumí mi responsabilidad de trabajar duro y mantenerme disciplinada, pero sabía que había logrado mi objetivo de distancia con la ayuda del Señor. Mi régimen de entrenamiento no era completamente autosuficiente; también dependía de Dios.

Para mí, el correr tenía un aspecto meditativo. Eso es lo que inicialmente me había atraído. Se convirtió en una forma de estar en la presencia de Dios, un tiempo para «deleitarme en el Señor» (Salmo 37:4). En mis carreras al aire libre, me deleité con la naturaleza y sentí alegría por la fuerza de mi cuerpo. Fue un momento en el que pude admirar Sus obras y celebrar Su presencia. El deleite fue lo primero, y después le siguió mi deseo de estar más saludable y en forma. Cuando alcancé mi objetivo, recordé que Dios cumple Sus promesas: «Deléitate en el Señor, y Él te concederá los deseos de tu corazón» (37:4, NTV). Para mí, correr esa distancia fue el cumplimiento de una promesa del Señor en mi vida.

Sanar puede parecer una tarea imposible, al igual que levantarse tirando de tus propias botas. Puede que estés atrapado en el pensamiento del siglo XIX, creyendo que sanar es realmente imposible. Eso requiere un cambio en tu mentalidad. Aunque sanar pueda parecer una tarea imposible para ti, no es un viaje que tengas que hacer solo. No necesitas confiar únicamente en ti mismo. Requerirá trabajo duro y determinación, pero es alcanzable cuando confías en el Señor.

Por todo lo que sanar requiere de nosotros, recibimos mucho más al otro lado. Pero mientras estamos en medio del proceso, es difícil apreciar las bendiciones que aún no has recibido, y es fácil olvidar que vendrán. Te enfrentarás con algunos desafíos esperados, pero también con otros que te tomarán por sorpresa. Todo eso es parte del proceso. Pero todos los desafíos, todo el proceso, requiere valentía. Y para eso, puedes prepararte.

Preparándote para el proceso

Cuando empecé a correr, aprendí la lección de la hidratación por las malas. Pero solo tuve que aprenderla una vez. Cometí el error de salir a correr antes de beber suficiente agua. Había planeado correr por la mañana, pero el día tomó su propio rumbo, así que terminé corriendo más tarde, bajo el calor abrasador de Texas. En mi mente de corredora principiante, me había hidratado lo suficientemente bien por la mañana como para pensar que también estaría bien por la tarde. Pero cuando empecé a tener calambres en las piernas, supe que me había equivocado. Pensé que había preparado adecuadamente mi cuerpo, pero definitivamente estaba en un error.

En la medida de lo posible, es importante prepararse para sanar. Eso comienza con el fundamento de nuestra vida. Nuestro propósito final en la sanidad es restaurar las partes que lo necesitan para que seamos completos, para amar a Dios y amar a los demás. Llevamos nuestras motivaciones y deseos al proceso de sanidad para alcanzar ese objetivo con la ayuda de Cristo, quien nos ofrece agua de un pozo que jamás se secará. Él nos dice en el Evangelio de Juan: «Cualquiera que beba de esta agua pronto volverá a tener sed, pero todos los que beban del agua que yo doy no tendrán sed jamás. Esa agua se convierte en un manantial que brota con frescura dentro de ellos y les da vida eterna» (4:13-14, NTV). Él es el agua para nuestra sed espiritual y «el pan de vida» (6:35). Él es el sustentador de nuestra alma, por lo tanto, nuestra sanidad debe llevarse a cabo junto a Él.

A medida que entras en el proceso de sanar, es imprescindible que tu enfoque esté en Cristo. Dedica tiempo a la Palabra y a la oración para permanecer arraigado en la verdad y tener comunión con nuestro Señor. Esta es una práctica para continuar durante todo el proceso, agua para reponerte en el camino, pero que comienza construyendo primero ese fundamento.

Él es el gran sanador, y no hay mayor bendición que esa.

Soltando durante el proceso

Para sanar, hay ciertas cosas que debemos dejar ir: el pasado es una de ellas. Que te hayas acostumbrado a llevar el peso de tu pasado no significa que debas seguir cargándolo. Y no puedes avanzar mientras te aferras a lo que está detrás de ti.

Para dejar ir el pasado, primero debes aceptarlo. Y para aceptarlo, tienes que enfrentarte a él. Tienes que adueñarte de tu historia, reconocerla como tuya y admitir dónde te han herido. Esto es difícil de muchas formas, e implica reconocer que has sido herido por personas a las que amas y que te aman. Puedes sentir vergüenza, miedo, culpa, tristeza o dolor. Atravesar esa incomodidad en lugar de evitarla o adormecerla se convierte en parte de ese proceso de aceptación, al igual que mirar cómo has afrontado el dolor y lo que todavía cargas.

Esta fue la parte más difícil para mí: aceptar el pasado y dejarlo ir. No es fácil, pero es posible. Sí, dolerá. Sí, te hará enojar. Sí, te frustrará. Pero tu dolor se aliviará. Durante tu proceso de sanidad, atraviesa tu tiempo de dolor, duelo y aflicción, y hazlo a los pies de Jesús. Siente lo que necesites sentir y deja salir las emociones que necesites liberar. Deja ir el lugar donde te mantienen atado.

Aférrate a nuestro Ayudador siempre presente, nuestro Consolador, el Espíritu Santo, que caminará contigo a través de tus emociones a medida que aparezcan. Pide la paz que sobrepasa todo entendimiento. La sanidad vendrá, y la alegría la seguirá.

Resistir durante el proceso

Cuando estoy en medio del entrenamiento y logro una buena carrera, es porque mi cuerpo responde de una manera que me permite completar el objetivo de ese día. Pero no todas las carreras son buenas. Cuando tengo uno de esos días, hago lo mejor posible por seguir adelante, incluso si no sale como quería.

En los primeros días de mi entrenamiento, tuve una carrera particularmente mala que todavía recuerdo bien. Planeaba correr quince minutos, caminar cinco y luego volver a correr los últimos ocho minutos. Catorce minutos después, estaba lista para acostarme justo en medio del camino. Estaba tan agitada que en verdad pensé seriamente en detenerme por completo. Me di cinco minutos para caminar, pero cuando comencé el tramo de carrera de ocho minutos, me encontré con la colina más empinada de esta ruta en el minuto cuatro. Los dolores punzantes en mis pantorrillas ganaron, así que subí la colina caminando y volví a correr una vez que llegué a la cima para terminar mi tiempo. Mi nivel de resistencia no era el que quería que fuera, y la carrera definitivamente fue diferente a lo que había planeado.

Un par de días después estaba en una carrera parecida, en pleno día caluroso de Texas. Una vez más, terminé jadeando por aire durante mi segundo intervalo. *Nunca lo lograré* —pensé—. *No puedo seguir así.* Entonces, de repente, los rociadores del jardín por el que estaba corriendo se encendieron. Ahora bien, en Dallas los rociadores no se encienden al mediodía, sino por la mañana o por la noche porque durante el día el agua se evapora casi al instante en que sale. Pero ahí estaba, de pie, en medio de los chorros de agua, justo cuando los necesitaba, justo cuando me sentía derrotada por no poder continuar como había planeado. Corrí a través de ellos, giré entre ellos y me empapé. Ese día, me refresqué y pude continuar.

El texto de Isaías 43:19 dice: «Pues estoy a punto de hacer algo nuevo. ¡Mira, ya he comenzado! ¿No lo ves? Haré un camino a través del desierto; crearé ríos en la tierra árida y baldía» (NTV). En la versión más antigua de Reina Valera, una de las traducciones de la Biblia en español más utilizadas, el versículo dice: «Otra vez pondré camino en el desierto, y ríos en la soledad» (RVA). Cuando estaba corriendo ese día particularmente caluroso, nadie vino a preguntarme si quería que me llevaran de regreso a mi casa. No había nadie allí para animarme a seguir. Estaba sola y pensé que mi esfuerzo dependía de mi resistencia. Pero esos rociadores se sentían como ríos que Dios me había provisto en el desierto.

Habrá días durante el proceso de sanidad que no saldrán como tú quieres. Pero cuando estamos en nuestro peor momento y a punto de rendirnos, Dios siempre obra. Él hace un camino en el desierto; Él nos da ríos en medio de nuestra soledad. No estarás solo porque Dios estará contigo. Mientras resistas, Él no te dejará. Él no te ha dejado, Sus ojos están puestos en ti, y Él te refinará a través de esto.

El proceso puede parecer demasiado largo, pero solo necesitas tomarlo un día a la vez. La clave es terminar cada día, uno a la vez. El Señor hará un camino para ti en tu desierto, con ríos en tu soledad.

Persistiendo durante el proceso

En mis primeras etapas de sanidad después de la depresión y ansiedad posparto y de haber tenido pensamientos suicidas, correr se volvió una técnica para manejar el estrés. Mi alma se había agotado por los traumas de la vida, pero correr me dio un espacio para rejuvenecerla. A veces me desanimaba porque no tenía la energía que necesitaba para correr, o parecía tener demasiado en la cabeza como para poder cambiarme y salir por la puerta. Pero cualquier proceso requiere esfuerzo para llevarse a cabo hasta el final, y correr no fue la excepción.

Mi proceso de sanidad trajo muchos cambios a mi vida. Eran buenos cambios que beneficiaban a mi salud, pero parecía que tenía que ajustar toda mi vida. Nunca es fácil cambiar lo que has estado acostumbrado a vivir toda tu vida. Incluso si los cambios son buenos, siguen siendo cambios. Pero, en verdad, el Señor me ayudó, junto con mi terapeuta y amigos llenos de amor que querían verme bien.

Con frecuencia volvía a los salmos para recordar cómo David se animaba a sí mismo, cuando le hablaba a su alma. Él sabía que nuestra fuerza de voluntad proviene del alma. En el Salmo 103, dice: «¡Bendice, alma mía, al Señor! ¡Bendiga todo mi ser su santo nombre!» (v. 1). David nos da muchas razones para la esperanza a través de descripciones de la compasión de Dios (v. 8), Su sanidad y redención (vv. 2-5), y Su amor eterno por nosotros (v. 17). Así que bendecimos al Señor en los buenos y en los malos momentos, en la tristeza y la alegría, en la riqueza y la pobreza, en la abundancia o la falta, en la dificultad o la facilidad. Y ponemos nuestra esperanza en el Señor.

El Señor te recordará Su presencia en los momentos más difíciles: cuando la carga se siente pesada, cuando la esperanza parece lejana, cuando tocas fondo. Esos son los momentos en los que Dios aparecerá con palabras de restauración y aliento. Él siempre nos encontrará, incluso cuando sintamos que no nos queda nada que dar y como si ya no quedara más. Él siempre será fiel y podremos persistir.

Continuando en el proceso

La vida puede sentirse como varias formas de carreras: maratón, una carrera de velocidad, un 5k o una de 100 metros llanos. Nuestro trabajo es seguir el curso de la vida, siendo el proceso de sanidad parte de ese curso. Cuando el apóstol Pablo reflexionó sobre su vida y ministerio a medida que se acercaba el final de su viaje terrenal, le escribió a Timoteo: «He peleado la buena batalla, he terminado la carrera y he permanecido fiel» (2 Timoteo 4:7, NTV). Había concluido su carrera habiendo mantenido su fe.

Habrá días en el viaje de sanidad en los que sentirás que estás luchando. Pero sigue luchando. El final puede parecer lejano. Pero sigue avanzando. A veces sentirás que perdiste la esperanza. Pero sigue buscándola. Mientras tengamos vida, tenemos esperanza. Puede que en ese momento no sientas que estás progresando, pero con el tiempo, hasta los pasos más pequeños suman. No dejes que los desafíos te impidan alcanzar tus objetivos. Resiste la tentación de rendirte, persevera en la fe y continúa en el proceso, incluso cuando te parece que ya no tienes ganas o tal vez, especialmente cuando no las tengas.

Sigue avanzando.

NOTAS

CAPÍTULO 7

LAS TRES «R» DEL DESCANSO: RESTAURAR, RECUPERAR, REINICIAR

A veces, luchamos contra lo que es bueno para nosotros.

Cuando somos niños, no queremos comer verduras y preferiríamos no lavarnos los dientes. De adolescentes, discutimos por la hora de regreso, llegando tarde, aunque sea solo por cinco minutos. Una vez que somos adultos, buscamos cualquier excusa para evitar un chequeo de rutina en el médico.

Otras veces, aceptamos fácilmente lo que no nos hace bien.

De niños (y algunos ya de adultos), nos encanta comer galletas y dulces. En nuestra adolescencia, conducimos rápido y tomamos muchos riesgos. Cuando somos adultos, gastamos de más o vivimos por encima de nuestras posibilidades.

Estos ejemplos no se aplican a todos, claro está, pero sirven para introducir mi punto sobre el descanso. El descanso es un tema que toca estas dos categorías: luchamos contra el descanso (que es bueno para nosotros) y aceptamos otras mil cosas (lo que no es bueno para nosotros). La mayoría de las veces, luchamos contra el descanso *para poder* aceptar las otras mil cosas. Las asumimos *en lugar* de descansar. Y terminamos evitando lo que necesitamos para seguir corriendo una carrera que nunca estuvimos destinados a correr.

Primera Corintios es una carta que Pablo escribió a la iglesia de Corinto, una ciudad diversa en aquel tiempo. Corinto era una ciudad con mucha actividad. Al igual que los Juegos Olímpicos, los Juegos Ístmicos eran un evento importante celebrado cerca del Istmo de Corinto, por lo que la audiencia de Pablo estaba familiarizada con las carreras de estos Juegos. Para ilustrar cómo se debe vivir la vida cristiana, compara a los atletas en las carreras con los cristianos en su vida, diciendo: «¿No se dan cuenta de que en una carrera todos corren, pero solo una persona se lleva el premio? ¡Así que corran para ganar! Todos los atletas se entrenan con disciplina. Lo hacen para ganar un premio que se desvanecerá, pero nosotros lo hacemos por un premio eterno» (1 Corintios 9:24-25, NTV).

En estos versículos, Pablo está alentando a los creyentes a correr la carrera espiritual de la misma manera que los atletas corren una competencia. Así como los corredores en los Juegos Ístmicos priorizarían la dedicación, la perseverancia y la disciplina, también deben hacerlo los cristianos en su caminar con el Señor. Pero, a diferencia de las recompensas temporales que buscan los atletas, Pablo señala que los cristianos están luchando por una recompensa eterna, una «corona que durará para siempre». Este es un pasaje destinado a motivar a los cristianos a vivir intencionalmente para Dios y para una corona incorruptible de vida eterna.

El «entrenamiento estricto» al que se adhieren los atletas competitivos requiere descanso. Esto puede parecer contraproducente para quienes no son atletas, pero la recuperación de los entrenamientos y ejercicios extenuantes depende del sueño. El cuerpo simplemente no puede recuperarse si no duerme lo suficiente. Los maratonistas olímpicos de hoy en día suelen apuntar a diez horas de sueño por noche. También duermen durante el día, tomando siestas que van desde media hora hasta hora y media. Estos atletas están excepcionalmente en sintonía con sus cuerpos y saben cuándo necesitan dormir más para recuperarse. Sus rutinas de recuperación deben coincidir con las demandas de sus extremas rutinas de entrenamiento. Y son *extremas.*

Cualquier atleta, no solo los de élite, priorizará el sueño para evitar lesiones. Para los maratonistas, correr distancias tan largas impone una enorme demanda física y estrés a sus cuerpos, lo que los hace susceptibles a lesiones. Sin revelar demasiados detalles (ya que cubriremos nuestros cuerpos físicos en un capítulo posterior), el sueño les da a tus músculos tiempo para repararse, al sistema inmunológico espacio para que se estabilice, a la mente la ayuda a enfocarse y a las hormonas, oportunidad de regularse.

El sueño hace esto por *todos* nosotros. Nuestros cuerpos son impresionantemente maravillosos, ya que pueden repararse a sí mismos. Pero con demasiada frecuencia, les impedimos hacer su increíble trabajo: reparar, regular, recuperar. Confundimos su resistencia con invencibilidad, y dormimos lo menos posible para poder seguir funcionando. ¿Y para qué? Si somos sinceros, estamos persiguiendo la «corona que se desvanece».

Esa corona se refiere a cualquier cosa en este mundo. La advertencia implícita de Pablo es que no nos conformemos con ganancias temporales o mundanas. Sin embargo, corremos detrás, perseguimos y nos lanzamos sobre lo que es temporal, agotándonos en el proceso. Cuando nos agotamos en busca de ganancias terrenales (lo cual es perjudicial en sí mismo), no estamos cumpliendo con el «riguroso entrenamiento» que defiende Pablo. No podemos correr de tal manera que obtengamos el premio porque estamos demasiado privados de sueño para lograrlo, y quizá también estemos lesionados, enfermos, desconcentrados y desregulados.

El sueño es una categoría específica dentro del tema más amplio del descanso, que Dios creó como necesidad. Él mismo descansó después de crear la Tierra. El texto de Génesis dice: «Cuando llegó el séptimo día, Dios ya había terminado su obra de creación, y descansó de toda su labor. Dios bendijo el séptimo día y lo declaró santo, porque ese fue el día en que descansó de toda su obra de creación» (2:2-3, NTV). Nuestro Señor, Dios del universo, nos dio un ejemplo al descansar. Nuestros cuerpos requieren descanso, al igual que nuestra salud mental, porque afecta a nuestro corazón, mente, alma y fuerzas. El descanso permite que cada parte de nuestro ser integral funcione plenamente. Sin él, nuestro ser no puede rendir al máximo.

La importancia del descanso

«¿Cuál es el cuarto mandamiento y cuándo fue la última vez que lo obedeciste?».

Esas fueron las palabras con las que me confrontaron hace unos años. Estaba en oración con el Señor. Ese día, como muchos antes y después, intentaba echar mis cargas sobre Él. Pero mi «echar» era más bien una queja. Estaba frustrada, sintiéndome estancada e insatisfecha. En ese momento pensaba que ciertas cosas en mi vida ya deberían haber sucedido, pero no habían pasado: asuntos de mi carrera, el ministerio, mi familia y de la vida en general.

Mientras hablaba con Dios como lo haría una niña pequeña quejándose a su padre, escuché Su dulce y tierna voz hablar con firmeza a mi corazón: *Estás estancada porque estás en pecado.* Me quedé atónita. Sentí como si me hubieran arrojado un cubo de agua helada. ¿Qué? ¿En pecado? Llevaba tiempo procurando purificar cada día para Dios y apartarme del pecado. ¿Cómo podía ser? Entonces insistí para entender más, y fue cuando llegó la confrontación: *¿Cuál es el cuarto mandamiento y cuándo fue la última vez que lo obedeciste?* Me quedé sin palabras. Entonces comprendí que nunca realmente había guardado ese mandamiento.

El cuarto de los Diez Mandamientos, como se expresa en Éxodo 20:8-11 (NTV), dice: «Acuérdate de guardar el día de descanso al mantenerlo santo. Tienes seis días en la semana para hacer tu trabajo habitual, pero el séptimo día es un día de descanso y está dedicado al Señor tu Dios. Ese día, ningún miembro de tu casa hará trabajo alguno. Esto se refiere a ti, a tus hijos e hijas, a tus siervos y siervas, a tus animales y también incluye a los extranjeros que vivan entre ustedes. Pues en seis días el Señor hizo los cielos, la tierra, el mar, y todo lo que hay en ellos; pero el séptimo día descansó. Por eso el Señor bendijo el día de descanso y lo apartó como un día santo».

Ahora bien, al mencionar esto, no estoy tratando de impulsar ninguna doctrina o dogma en particular. Solo estoy compartiendo contigo lo que aprendí. Las palabras «día de descanso» aquí se traducen del hebreo *Shabbat*, que literalmente significa *descanso.* Si interpretamos la Escritura con este significado literal en ella, parafraseando diría: «Recuerda el día de *descanso*, para mantenerlo santo. Seis días trabajarás y harás toda tu obra, pero el séptimo día es el *descanso* del Señor tu Dios. En él no harás *ningún trabajo. Ni tú*, ni tu familia, ni tus empleados, ni tus propiedades o empresas, ni nadie que alojes. Porque en seis días el Señor hizo los cielos y la tierra, el mar y todo lo que hay en ellos, y descansó el séptimo día. Por lo tanto, el Señor bendijo el día de *descanso* y lo consagró».

Con la llegada de la gracia en la muerte y resurrección de Jesús, gran parte de la ley se hizo innecesaria; Jesús ya pagó el último sacrificio para superar la ley. Sin embargo, hay una cosa de la ley en la que todos podemos estar de acuerdo y que no tiene fecha de caducidad: son los Diez Mandamientos. O, como me gusta llamarlos, el «Top Ten». De todos ellos, los tres primeros, si se violan, son pecados directos contra Dios. Los últimos seis, si se violan, son pecados contra otras personas. El cuarto mandamiento, sin embargo, es el único de los Diez Mandamientos que, si se viola, es un pecado contra ti mismo. Y si pecas lo suficiente contra ti mismo, te rompe desde dentro. La falta de descanso no es solo un pecado, es un asesino silencioso de propósito y fuerza. Hace que tu llama se apague y tu voz se debilite, hasta que se silencia por completo.

Aprendiendo a descansar

Las palabras que tenemos de la historia de los israelitas documentan su crecimiento como pueblo en su conjunto, incluida la formación de su voz. Mientras los israelitas se abrían paso a través del desierto, ejercieron su voz como nación, aunque no siempre de lo que podríamos considerar la forma más útil. Pero todo esto fue parte del viaje que los llevaría a través de la transformación para convertirse en una nación sanada y completa. Los israelitas gritaban y suplicaban a Dios con frecuencia, con miedo y frustración, pero en estos momentos aprendieron a confiar en el Señor.

Uno de los primeros casos en los que los israelitas gritan con miedo y frustración ocurrió solo dos meses después de haber salido de Egipto. La gente tiene hambre, y clama a Moisés y a Aarón, diciendo: «¡Si tan solo el Señor nos hubiera matado en Egipto! —protestaban—. Allá nos sentábamos junto a las ollas llenas de carne y comíamos todo el pan que se nos antojaba; pero ahora tú nos has traído a este desierto para matarnos de hambre» (Éxodo 16:3, NVI). Dios los había salvado de su opresión sacándolos de Egipto. Habían sido testigos de eventos sobrenaturales durante su rescate. Y aquí estaban, deseando volver.

En este caso, Dios no reprende a los israelitas. Él simplemente resuelve el problema. Moisés y Aarón fueron los intermediarios, y el Señor le dijo a Moisés que enviaría maná (pan) desde el cielo para que los israelitas reunieran cada día, pero solo lo suficiente para ese día: «Con esto los pondré a prueba para ver si siguen o no mis instrucciones. El sexto día juntarán el alimento y cuando preparen la comida habrá el doble de lo normal» (vv. 4-5). Moisés aclara por qué se duplicaría el alimento y les dice: «Mañana será un día de descanso absoluto, un día sagrado de descanso, reservado para el Señor» (v. 23). El Señor estaba proporcionando comida a los israelitas mientras les enseñaba lecciones sobre la obediencia, la confianza y el descanso. Debían seguir Sus instrucciones, confiar en que Él proveería y descansar como un pueblo unido.

El primer día, Moisés les advirtió que nadie debía guardar nada de la comida para el día siguiente, porque las instrucciones de Dios eran: «La gente podrá salir a recoger todo el alimento necesario para ese día» (v. 4). Pero algunos no hicieron caso. Ya fuera porque no tomaran en serio lo que Dios había dicho o que temieran que Él no enviara más comida al día siguiente, desobedecieron al Señor. Prepararon sus porciones para llevar y guardaron la comida durante la noche. Sin embargo, por la mañana estaba en mal estado. Lección aprendida. Debían practicar la obediencia haciendo lo que Dios había mandado y confiar en que Él cumpliría Su palabra de proveerles. Durante los siguientes cinco días obedecieron y vieron cumplida la promesa de Dios. Aprendieron a depender de Sus provisiones. Practicaron la obediencia. Dios cumplió Su promesa.

Cuando llegó el sexto día, recogieron el doble de lo habitual para poder descansar al día siguiente. El séptimo día, Moisés les recordó por qué habían reunido el doble de la porción de un día normal en el sexto: «Coman este alimento hoy, porque es el día de descanso, dedicado al Señor. Hoy no habrá alimento en el campo para recoger. Durante seis días se les permite recoger alimento, pero el séptimo día es el día de descanso; ese día no habrá alimento en el campo» (vv. 24-26). Aun así, algunos israelitas no escucharon y salieron a recoger comida igual que los otros días, pero la Escritura dice que «no encontraron alimento» (v. 27). Este fue un error por dos razones: primero, Dios les había dado instrucciones claras de no recoger comida; segundo, Él les había ordenado descansar. Ya fuera que no creyeran que no habría alimento o que no vieran sentido en descansar, desobedecieron al Señor.

Entonces Dios reiteró la importancia que da al descanso, diciendo: «Tienen que entender que el día de descanso es un regalo del Señor para ustedes. Por eso él les provee doble cantidad de alimento el sexto día, a fin de que tengan suficiente para dos días. El día de descanso, todos deben quedarse en el lugar donde estén; no salgan a buscar pan el séptimo día» (v. 29). Los israelitas necesitaron escucharlo varias veces, y algunos, pasar por intentos fallidos, antes de entender que el descanso es de gran valor para el Señor: «Así que la gente no recogió alimento el día séptimo» (v. 30). Al leer esto, en mi mente suena una ovación de aplausos. ¡Bien hecho, pueblo de Israel, por finalmente confiar en que Dios proveería!

Esta lección de obediencia, confianza y descanso fue fundamental en el camino de los israelitas. Les quedaba mucho por recorrer antes de ser un pueblo completo y listo para entrar en la tierra prometida, pero esta experiencia los marcó profundamente. Cuando desobedecían, Dios los corregía y permanecía con ellos mientras cambiaban su manera de pensar. Aprendieron a confiar en que Él les proveería y los guiaría en su travesía.

El mismo capítulo de Éxodo que comienza con el clamor del pueblo al Señor y registra su lección sobre el descanso, termina con un hermoso adelanto: «Y los israelitas comieron maná durante cuarenta años, hasta que llegaron a la tierra donde se establecerían. Comieron maná hasta que llegaron a la frontera de la tierra de Canaán» (v. 35). Este versículo nos dice dos cosas: los israelitas continuaron practicando la obediencia al Señor y Dios les proveyó alimento durante todo el tiempo que lo necesitaron, lo cual fue toda su temporada en el desierto.

Aunque fuera con cierta falta de respeto, ya habían practicado levantar su voz, clamando a Dios en su angustia. Y aun cuando su clamor no estaba perfectamente formado, Dios no dudó en proveerles. Clamaron y Dios respondió a su clamor. Hay momentos en los que miro atrás y desearía haber sido más respetuosa en algunos de mis clamores al Señor. Pero Él ha sido tan amoroso y bondadoso al escuchar mis clamores, sin importar cómo llegaron a Él. Me ha provisto una y otra vez, cumpliendo Sus promesas sobre mí con Su amorosa bondad. El Señor hará lo mismo por ti en tu camino de sanidad. Abre tu corazón y clama a Él en tu angustia. Practica la obediencia viniendo a Él cada nuevo día y en cada nuevo paso. Él es digno de nuestra confianza, y Él proveerá para ti mientras elijas caminar con valentía en tu proceso de sanidad.

Haciendo «reset»: Reiniciando nuestro sistema

Dios se toma en serio el descanso, tan en serio que lo convirtió en un mandamiento para los israelitas y organizó su sistema de recolección de alimento en torno a él. Le dio prioridad al descanso para ellos, enseñándoles a descansar para que aprendieran la práctica del descanso para sí mismos. Sabía que necesitaban descansar para funcionar a plena capacidad: corazón, alma, mente y cuerpo. Al igual que ellos, nuestro cuerpo requiere una cierta cantidad de descanso y solo podemos avanzar un tiempo limitado sin él. Cuando estamos sanos, debemos mantener un ciclo de descanso programado para conservar la salud. Y cuando estamos en proceso de sanidad, nuestros cuerpos naturalmente requieren más de lo habitual.

Todos tenemos nuestros propios patrones diarios y maneras de hacer las cosas que de forma natural creamos para nuestro ritmo de vida. Cuando establecemos un ritmo de vida poco saludable, nos adaptamos a esos patrones que afectan negativamente nuestro corazón, alma, mente y fuerza: todo nuestro ser. Así que tu «cantidad normal» de descanso puede que no sea la adecuada. En otras palabras, quizás no estés descansando tanto como deberías o como Dios quiere que descanses. Por eso, es necesario reiniciar un poco el sistema, especialmente al entrar en un proceso de sanidad. Es importante que establezcamos una base sólida de descanso que podamos mantener tanto durante el proceso inicial de sanidad como después, en la etapa de mantenimiento.

Para reiniciar nuestro sistema, tanto nuestro cuerpo como nuestro ritmo de vida, debemos realinearnos con el ritmo que Dios quiere para nosotros, el cual incluye descansar *con* Él. Y para ver cómo se manifiesta esto en la práctica, no tenemos que mirar más allá de Jesús como guía para modelarnos a nosotros mismos. Él lo hacía con regularidad: por la mañana, alrededor de eventos importantes y en momentos de dolor o estrés.

Descansar para prepararse

El primer caso registrado de Jesús descansando espiritualmente con Dios en soledad ocurre justo después de Su bautismo, antes de comenzar Su ministerio público.[43] Aunque no se detallan todos, este no habría sido el primer momento en que Jesús descansó espiritualmente con el Señor. Él ya habría desarrollado patrones de vida centrados en el descanso, participando en el descanso sabático y en Su ritmo de vida diario a lo largo de Sus días. Después

43. Mateo 4:1-11; Marcos 1:12-13; Lucas 4:1-13.

de Su bautismo, Jesús fue llevado por el Espíritu al desierto por cuarenta días y noches para estar a solas con Dios, no para descansar en un sentido físico, sino en uno espiritual.

Jesús se retiró intencionalmente al desierto no solo para prepararse para el ministerio, sino para tener una comunión profunda con el Padre. Este desierto, conocido como el Desierto de Judea, es una región árida que se extiende entre Jerusalén y el Mar Muerto. Es una tierra seca, rocosa y escarpada. Aunque hay numerosos acantilados, barrancos, colinas y alguna que otra cueva, el Desierto de Judea tiene poca vegetación o sombra. Los días son calurosos y las noches frías. Llueve poco, y animales salvajes deambulan por el terreno.

¿Te resulta familiar? El desierto al que entró Jesús no era el mismo en el que los israelitas vagaron durante cuarenta años, aunque ambos están conectados tanto geográficamente como teológicamente. El desierto, tanto para Jesús como para los israelitas, era un lugar que representaba formación y preparación espiritual. Es un lugar despojado de comodidades, donde la dependencia de Dios es vital. En un sitio de soledad y debilidad, Jesús se alinea con la voluntad de Dios, resiste la tentación y afirma Su identidad en el amor del Señor antes de iniciar una nueva etapa de vida. Este fue un tiempo de descanso sagrado e intimidad con Dios.

Oración para prepararse

Señor:
Al disponerme para entrar en una temporada de sanidad, prepara el camino delante de mí. Aunque todavía estoy en el desierto, sé que Tú estás conmigo. Sé que me sentiré incómodo, asustado e incluso herido al sumergirme en este proceso, pero sé que Tú caminarás a mi lado mientras lo

hago. Deseo prepararme contigo para transitar este camino.
Y, por favor, enséñame a descansar.
Amén.

Descansar para reenfocarse

Después de que Jesús comenzó Su ministerio público, rápidamente este cobró impulso. A pesar de las necesidades apremiantes que lo rodeaban y de Su creciente popularidad, Él priorizó pasar tiempo a solas con Dios. Jesús sabía que Su fuerza y claridad provenían de ese tiempo con Dios, especialmente en medio de días llenos de demandas y multitudes. El Evangelio de Marcos describe a Jesús buscando soledad y descanso con Su Padre después de una larga jornada: «A la mañana siguiente, antes del amanecer, Jesús se levantó y fue a un lugar aislado para orar» (Marcos 1:35, NTV). Levantarse temprano para buscar al Señor fue una prioridad para Jesús, no como una reacción a lo vivido, sino como una decisión anticipada.

Oración para reenfocarse

Señor:
Mi vida está llena de tareas que no puedo realizar y de necesidades que no puedo suplir. Me siento abrumada por las exigencias de la vida, pero sé que el tiempo contigo dará frutos mucho más valiosos que cualquiera de los que este mundo ofrece. Abre mis ojos para ver la evidencia de Tu obra en mi vida, para que recuerde Tu presencia mientras vas conmigo. Dame fuerza para mis días y claridad para verte en ellos.
Amén.

Descansar para discernir

A mitad de Su ministerio, llegó el momento en que Jesús debía elegir a Sus discípulos principales. Había dedicado tiempo al ministerio y ahora necesitaba a los discípulos que se convertirían en líderes clave de la iglesia primitiva. La noche antes de elegir a los Doce, «subió a un monte a orar y oró a Dios toda la noche» (Lucas 6:12). Una vez más, Jesús se retiró para estar a solas con el Señor. Antes de tomar una decisión crítica, pasó toda la noche en oración en la montaña. Sabía que el discernimiento y la dirección requerían de tiempo en la presencia de Dios.

Oración para discernir

> *Señor:*
> *Cada día del proceso de sanidad trae retos, dificultades y decisiones. Pido Tu guía mientras avanzo en este camino. Con mis ojos puestos en Ti, deseo seguirte. Muéstrame Tus caminos mientras recorro mi senda, y hazla clara delante de mí. Guíame y dirígeme mientras camino cerca de Ti en cada momento.*
> *Amén.*

Descansar para restaurarse

Cuando Jesús se enteró de la muerte de Juan el Bautista, Su primera reacción fue retirarse para descansar con Dios. Pero las multitudes lo siguieron, y Jesús «vio a la gran multitud, tuvo compasión de ellos y sanó a los enfermos» (Mateo 14:14, NTV). Los discípulos sugirieron que Jesús los despida para que busquen comida y coman. En cambio, Él mismo los alimentó con cinco panes y dos peces (v. 17). No se trataba de un grupo pequeño ni de varios grupos pequeños reunidos. «Cinco mil hombres se alimentaron, además de las mujeres y los niños» (v. 21), y aun así sobraron doce canastas llenas. Jesús había hecho una obra milagrosa en medio de Su duelo. Debía estar exhausto en todo sentido. Así que, después de que se fueron, «subió a las colinas para orar a solas» (v. 23). Una y otra vez, Jesús regresó a un lugar de soledad para tener comunión con el Señor y ser restaurado emocional, mental, física y espiritualmente.

Oración para la restauración

> *Señor:*
> *Cuando mi corazón y mi alma estén abatidos, levántalos para que pueda continuar mi camino. Mientras te busco en soledad, no permitas que intente escapar de las dificultades de la sanidad, sino que me lleves a responder a los retos y perseverar. Revélame un ritmo de vida que te honre y que traiga sanidad a mi ser a través de un descanso intencional. Amén.*

En todos estos casos, Jesús nos muestra cómo el descanso en Dios conduce a la claridad y al propósito. En cada uno de estos momentos, antes del ministerio, en medio de la actividad, en el duelo y antes de tomar decisiones, Jesús dejó en claro que el descanso con Dios no es opcional. El descanso le permitió prepararse, reenfocarse, discernir y restaurarse.

Como seguidores de Jesús, debemos mirar Su ejemplo para saber cómo construir los patrones de nuestra vida. Estos momentos de descanso nos dan un esquema claro de cómo podemos reiniciar nuestro sistema, disolviendo patrones poco saludables para reemplazarlos con prácticas que dan vida.

Descansar en el Señor nos da la capacidad de sanar.

NOTAS

PARTE III

UNA VOZ QUE PREPARA EL CAMINO: ATRAVESANDO EL DESIERTO

PREPARACIÓN

CAPÍTULO 8

PREPARA EL CAMINO PARA EL SEÑOR

Hasta ahora, hemos recorrido un largo camino.

Volvamos a *nuestro* principio (capítulo uno de este libro) y *el* principio (capítulo uno de la Biblia). El primer versículo de la Biblia dice: «En el principio, Dios creó los cielos y la tierra» (Génesis 1:1, NTV). Este primer versículo establece a Dios como el Creador de absolutamente todo. Veintiséis versículos después, Dios creó al ser humano: «Así que Dios creó a los seres humanos a su propia imagen. A imagen de Dios los creó; hombre y mujer los creó» (v. 27). Este es uno de los versículos fundamentales de la Biblia sobre la identidad y el propósito humanos. Nos dice que todas las personas llevan la imagen de Dios, el Creador de todas las cosas. Hay un solo Dios que creó la vida con propósito y significado, y Él es digno de toda gloria.

Como seres humanos hechos a Su imagen, fuimos diseñados para reflejar Su carácter, vivir en relación de amor con Él y alinear nuestra vida con Su voluntad. Debemos reflejar Su gloria en todo lo que hacemos, porque la vida humana tiene un origen *y también* un propósito divino. Dios anhela una relación con nosotros y envió a Jesús por nosotros, como registra el Evangelio de Juan: «Porque de tal manera amó Dios al mundo, que ha dado a Su Hijo unigénito, para que todo aquel que en Él cree no se pierda, mas tenga vida eterna» (Juan 3:16, RVR1960). A partir de esto, podemos explorar lo que fluye de ese amor: nuestro propósito. Estamos llamados a glorificar a Dios, vivir conforme a Su voluntad y amar a otros como consecuencia natural de nuestro amor por Él. Este es nuestro más alto llamado, nuestro propósito.

Pero realmente no se puede tener un propósito sin algún tipo de fundamento del cual partir. Dicho de otra manera, el fundamento establece el escenario y el propósito marca la dirección, porque un fundamento claro respalda el logro de un propósito claro. El fundamento es la idea basal que sostiene el propósito. Esto nos lleva de nuevo a nuestro principio en el capítulo uno: el fundamento de nuestra vida. «Ama al Señor tu Dios con todo tu corazón, con toda tu alma, con toda tu mente y con todas tus fuerzas. [...] Ama a tu prójimo como a ti mismo» (Marcos 12:30). Con esta premisa, comenzamos con la idea de que amar a Dios es el fundamento de la vida. Estamos hechos para vivir en relación con Dios, reflejar Su amor a otros y cumplir Su voluntad en la Tierra.

Nuestro fundamento es el amor arraigado y pleno por Dios. Nuestro propósito es vivir una vida que produce ese amor. Solo podemos entrar plenamente en nuestro propósito cuando nuestro fundamento está arraigado, claro y firmemente cimentado. Si el fundamento es defectuoso, incompleto o quebrado, entonces las acciones que fluyen de él (nuestro propósito) serán equivocadas o ineficaces. Es como construir una casa sobre terreno inestable: por más que la construyas con esmero, la estructura no se mantendrá firme en una base inestable. Solo cuando nuestro fundamento está sano y anclado en la verdad podemos avanzar con confianza y dar fruto en nuestro llamado.

Podemos avanzar plenamente hacia el propósito de nuestra vida cuando somos seres completos y sanos: corazón, alma, mente y fuerzas. Cuando somos restaurados, podemos reflejar la imagen de Dios con mayor claridad y amamos a los demás con mayor libertad. Mantener este objetivo final al frente de nuestra mente es la clave para poder continuar, resistir y perseverar en el proceso de sanidad. Esto significa que debemos esperar y prepararnos para el Señor en medio de todo.

Ahora, volvamos a nuestro desierto.

He descrito cómo es estar en un desierto figurativo. Si no es así ahora, probablemente te hayas identificado con esas descripciones en algún momento de tu vida. Hemos abordado el trabajo de descubrimiento que debemos hacer desde dentro del desierto: tanto reconocer como aceptar nuestra situación. Hemos conversado sobre la experiencia formativa que esta temporada puede llegar a ser, aprendiendo a depender de Dios mientras atravesamos el desierto. Entonces ahora, ¿cómo comenzamos a abrirnos camino a través del desierto?

Comenzamos en adoración, junto con la Palabra.

Adoración y la Palabra

Dios creó la vida con propósito y significado (Génesis 1:27), y Jesús nos dio una hoja de ruta para llegar a ese significado y propósito (Marcos 12:30). Sabemos esto por las Escrituras: la Palabra de Dios. Es nuestra brújula para atravesar los altibajos de la vida, incluido el proceso de sanidad. Cuando no encontramos un lugar seguro para descansar, podemos acudir al Suyo. Cuando luchamos en el camino, sintiendo que carecemos de dirección o guía, la Palabra de Dios nos orienta y conduce. Es la Palabra de Dios la que nos da el fundamento para creer que Él; como Creador del universo, es digno de toda alabanza, gloria y honor. Cuando volvemos a ella, se nos recuerda una y otra vez de la grandeza de Dios, y eso nos impulsa naturalmente a adorar.

Al haber sido líder de adoración por más de dos décadas, he adorado en y a través de muchos estados del alma, uno de ellos, el quebranto. Y adorar en un estado de quebranto es difícil.

Quienes están de duelo, por ejemplo, pueden decirte esto. En el duelo, las emociones son crudas y dolorosas. A menudo, las personas en duelo sienten como si estuvieran al borde de las lágrimas en todo momento, con las emociones a flor de piel. Pero en medio del duelo, con el corazón roto en nuestro sufrimiento, la adoración puede despertar un profundo anhelo por el consuelo del Señor. Es natural que la adoración despierte nuestras emociones, porque nos acerca a la presencia de Dios.

A menudo he descrito la depresión como caminar siempre con una nube oscura detenida sobre mi cabeza. La vida ya no se siente tan vibrante como la conocía antes, y no te sientes tan viva. En general, todo parece opaco y poco atractivo, a veces incluso la adoración. Pero he aprendido que buscar la presencia de Dios en la adoración es un bálsamo para el alma, un auxilio para sanar sus heridas. Sí, el peso de la vida tiende a cargar nuestros hombros y sentirlos pesados. En esos momentos, aun debo elegir recordar que, a pesar de nuestras circunstancias, Dios sigue siendo bueno. Y porque Él sigue siendo bueno, le ofrezco sacrificio de alabanza, sin importar cómo me sienta. El tiempo me ha mostrado que la adoración vigoriza tus fuerzas y trae avance al proceso de sanidad.

Somos más propensos a ofrecer nuestra alabanza como respuesta a Su grandeza. Cuanto más busquemos recordar Su bondad, más lo haremos. En la adoración nos encontramos con la grandeza de Dios, reconociendo Su amor, Su misericordia y Su poder. Recordamos Su obra por medio de canciones, oraciones y pasajes de la Escritura que nos traen a la memoria Su fidelidad y Sus promesas. Y experimentamos cómo el Espíritu Santo se mueve en lo profundo de nuestro corazón y afirma nuestra fe. Nos envuelve de tal manera que nuestra mente y nuestro corazón se conectan en una relación íntima con Dios, trayendo sanidad a nuestra alma y renovando nuestras fuerzas.

En espíritu y en verdad

Pasemos a una breve lección de escuela dominical.

El Espíritu Santo es la tercera persona de la Trinidad, plenamente Dios, igual en esencia con el Padre y el Hijo (Mateo 28:19). Se lo describe como una persona, pero no tiene cuerpo físico. Posee cualidades propias de una persona: intelecto, voluntad, emociones y capacidad de relacionarse, y no es una fuerza impersonal ni una presencia lejana. El Espíritu enseña (Juan 14:26), percibe (1 Corintios 2:10-11), reparte dones espirituales (1 Corintios 12:11), siente (Efesios 4:30), guía (Romanos 8:26) y habla (Hechos 13:2).

Es la presencia activa de Dios en el mundo y para aquellos que creen los está guiando, fortaleciendo, consolando y confrontando. A lo largo de la Biblia, se lo presenta como quien da vida (Génesis 2:7), quien revela la verdad (Juan 16:13) y quien transforma el corazón (Ezequiel 36:26-27). Hoy sigue hablando, dirigiendo y morando en los que siguen a Cristo. Nos equipa con dones espirituales, produce fruto como amor, gozo y paz, y nos da fuerza para vivir en la voluntad de Dios. En Juan 14:26 se lo llama «el Consolador» enviado por el Padre cuando Jesús murió, para enseñarnos y recordarnos Sus palabras. Su obra es personal y Su presencia relacional: Dios con nosotros y en nosotros (Romanos 8:11).

Cuando Jesús vino, también llegó una nueva era de adoración. Abrió las puertas para que cualquiera, desde cualquier lugar, pudiera conocer y adorar a Dios. Estableció el fundamento de una adoración personal, espiritual y centrada en la verdad: «Pero se acerca el tiempo —de hecho, ya ha llegado— cuando los verdaderos adoradores adorarán al Padre en espíritu y en verdad. El Padre busca personas que lo adoren de esa manera. Pues Dios es Espíritu, por eso todos los que lo adoran deben hacerlo en espíritu y en verdad» (Juan 4:23-24, NTV). En este pasaje, Jesús conversa con una mujer samaritana junto al pozo de Jacob. Sabiendo que Él es judío y ella samaritana, ella menciona el viejo conflicto entre ambos pueblos: el lugar y la adoración.

Aclaremos de antemano algunos puntos que podrían prestarse a confusión. Primero, el «tiempo» al que Jesús se refiere es una era de adoración nueva que ha venido con Su llegada y que alcanzará su pleno cumplimiento con Su resurrección, cuando Dios envíe al Espíritu Santo. Este nuevo tiempo se caracteriza por la adoración en espíritu y en verdad: una adoración impulsada por el Espíritu Santo y cimentada en la verdad de Cristo.

En segundo lugar, la palabra «espíritu» aparece en minúscula en la frase «Dios es espíritu» y con mayúscula en dos casos: «adorar en el Espíritu». La primera se refiere a la esencia de Dios: invisible, eterno, no limitado por espacio ni tiempo: Él es espiritual. Las otras dos se refieren al Espíritu Santo, quien impulsa y hace posible la verdadera adoración. La adoración «en Espíritu» se refiere a una adoración que es dirigida, inspirada, y hecha posible por el Espíritu Santo.

Parte del conflicto entre judíos y samaritanos giraba en torno al lugar o localidad donde ocurría la adoración.[44] La samaritana no preguntó directamente: «¿Dónde se supone que debemos adorar?», pero sí lo menciona. Jesús desvía el enfoque del «*dónde*» hacia «*cómo*» y «*a quién*». Habla de «los verdaderos adoradores» y de «los que el Padre busca».

Ellos adoran «en Espíritu». Es una adoración que brota de toda su *esencia*. Es puesta en movimiento desde el aliento mismo

44. La división religiosa y étnica entre judíos y samaritanos llevaba más de 700 años para el momento del encuentro de Jesús con la mujer samaritana, en Juan 4. A los judíos se les enseñaba que la adoración debía llevarse a cabo en el templo, y los samaritanos creían que debía ser en el monte Gerizim. Para más información sobre esta división, ver 2 Reyes 17 (la conquista asiria y los orígenes del pueblo samaritano) y Esdras 4:1-5 (la resistencia judía a la participación samaritana en la reconstrucción del templo).

que nos da la vida y nos hace quienes somos. Es guiada por el Espíritu Santo, auténtica y nacida del corazón. No se limita a momentos específicos, sino que es un estilo de vida continuo que alinea nuestra esencia (espíritu) con Su esencia (Espíritu).

Ellos adoran «en verdad». Es una adoración *santa* y *sólida*, basada en la Escritura y alineada con la creencia de que Jesús es el Camino, la Verdad y la Vida (Juan 14:6). Pero también es una adoración *sincera*. Es una búsqueda de Dios sin importar las circunstancias. Es decirle: «Aquí estoy, con todo lo que soy, lo bueno, lo malo y lo que está en medio. No soy perfecto, pero Tú sí. Y siempre eres digno de mi adoración».

Jesús describe el tipo de adoradores que el Padre busca: aquellos que adoran en Espíritu y en verdad. Este tipo de adoración exige una respuesta de todo nuestro ser a Dios: íntegra, auténtica y cimentada en Él, no fabricada, ni fingida. No busca una actuación externa, sino sinceridad interna. Pero ¿cómo adoramos con sinceridad sin permitir que las opiniones humanas o el emocionalismo definan la experiencia?

Pensemos en la frase «mi verdad» que en los últimos años ha arrasado en la sociedad, especialmente en las redes sociales. En su nivel más básico, cuando alguien dice «mi verdad» usualmente quiere decir «mi experiencia o perspectiva personal». En el lenguaje moderno, se refiere a cómo alguien se siente o a lo que ha experimentado en la vida. Pero, aunque «mi verdad» puede ser emocionalmente real, no es necesariamente verdadera en los hechos.

Tomemos como ejemplo a una chica que llama a su novio al salir de una entrevista de trabajo. Pero él no contesta el teléfono. Ella se siente inmediatamente decepcionada y dolida. Piensa: *No le importa cómo me fue en la entrevista. Por eso está ignorando mi llamada a propósito.* Está segura de que esto es cierto. «Siempre lleva su teléfono encima, así que obviamente vio mi llamada y no quiso contestar. No hay otra razón por la que no respondería». Pero ¿los hechos? Resulta que su novio había ido al baño y dejó su teléfono sobre la mesa. Al ver la llamada perdida, se apresuró a devolverle la llamada. Él estaba tan emocionado por saber de su entrevista como ella de contárselo.

Este es un ejemplo relativamente inofensivo y hasta un poco tonto. Pero es una ilustración clara de cómo la «verdad» de alguien puede ser emocionalmente real, aunque no esté basada en hechos comprobables. *Su* verdad, como la llamaría nuestra cultura, está moldeada por emociones de decepción y dolor. *La* verdad se basa en un hecho verificable: una razón concreta para no responder la llamada. La cultura debería haber llamado a esto «mi realidad», lo que habría evitado mucha confusión. O simplemente llamarlo por su nombre: verdad subjetiva.

Las emociones reales son centrales en la verdad subjetiva, y a menudo la crean. Así es como funciona: experimentas una emoción. Tu mente intenta darle sentido a esa emoción. Forma una creencia. Esa creencia se convierte en «tu verdad».

Cuando perdemos de vista *la* verdad y usamos nuestras emociones para moldear o construir *nuestra* verdad, nos acercamos a una zona de peligro. Por inofensiva que pudo haber parecido al principio la frase «mi verdad», ha terminado transformándose en algo más parecido a «una creencia que alguien considera verdad porque se siente real, aunque otros no lo vean así». O peor aún: «aun cuando se puede demostrar lo contrario». De aquí pueden surgir muchísimos problemas.

Volviendo a nuestro ejemplo: imaginemos que el novio no tenía idea de que ella lo llamaría justo en ese momento. En cuanto vio la llamada perdida, estaba ansioso por responder y saber de su entrevista. Aferrada a su «verdad», la chica se mantiene firme, creyendo que él la ignoró a propósito. Su mente ha completado los espacios: «Siempre tiene su teléfono. No contestó. Debe ser que no le importa». No hay manera de convencerla de lo contrario.

A este punto, la situación se vuelve peligrosamente delicada. No hace falta psicoanalizar su relación para ver que esto puede ir cuesta abajo, y rápido. Una cosa es que la novia diga que se sintió herida cuando él no contestó. Las emociones en sí mismas siempre son válidas; son respuestas reales, tanto fisiológicas como psicológicas. Otra cosa muy distinta es aferrarse a la narrativa basada en emociones que ella misma ha creado. ¿Realmente se sintió herida? Sí, fue una emoción real que experimentó. ¿Pero él realmente la ignoró? No, eso no es cierto. La historia que vinculamos a la emoción no siempre es precisa.

Como cristianos que elegimos sanar, sentimos lo que sentimos. Son experiencias reales que solo nosotros conocemos de manera personal. Como parte de nuestro proceso de sanidad, debemos permitir que nuestras emociones nos atraviesen, negándonos a anestesiarlas, evitarlas o reprimirlas. Pero no podemos permitir que ellas definan lo que es o no es verdad. Nuestras emociones son *reales*, pero no son *la verdad*. Nuestra verdad está anclada en la naturaleza de Dios y en Su Palabra, no en una experiencia interna.

Con esta mentalidad debemos acercarnos a la adoración. La adoración sincera significa venir a Dios tal como eres, con gozo o en duelo, fuerte o débil, feliz o enojado, reconociendo siempre Su naturaleza inmutable, sin importar nuestras circunstancias. Significa que no finges ni te ocultas, sino que permaneces afianzado en quién es Él, no en cómo nos sentimos solamente. Por eso la Palabra de Dios debe ser nuestro fundamento, para que permanezcamos afianzados en la verdad de Su carácter. El Salmo 62:8 dice: «Derrama ante él tu corazón, pues Dios es nuestro refugio» (NVI). Llevamos nuestras emociones: tristeza, enojo, dolor, y recordamos quién es Él.

No tenemos que ocultar nuestros sentimientos del Señor. Él nos dio las emociones, y sabe exactamente cuáles estamos sintiendo. Pero las emociones son para expresarse, no para seguirlas ciegamente. Llevamos nuestro gozo, dolor o apatía a Dios, pero respondemos a la verdad, no solo a cómo nos sentimos en el momento. Las emociones son expresiones, pero no una fuente sólida de verdad. Tu adoración genuina puede incluir lágrimas o silencio, y eso es perfectamente aceptable para el Señor. Pero debe permanecer cimentada en quién es Dios, no *solamente* en cómo nos sentimos. Por eso debemos mantener nuestro entendimiento de Dios anclado en la Escritura. Y eso implica cuidarnos de la cultura popular o de las opiniones ajenas. Nuestra adoración no se trata solo de estilo, música o escenario, y lo digo como alguien que ha sido líder de adoración gran parte de mi vida.

Leer regularmente la Palabra de Dios moldeará tu adoración. Permitir que el Espíritu Santo te guíe en la adoración te ayudará a no seguir modas ni emociones peligrosas. Y a veces, hablar o cantar lo que es verdad acerca de Dios, aunque tus sentimientos no coincidan con tus palabras, es un buen lugar para empezar.

La manera en que Jesús nos enseña a adorar debe ser de gran consuelo en nuestro camino de sanidad. Jesús también nos recuerda que «Dios es espíritu», lo que significa que Él está en todo lugar y en todo momento, y que nuestra adoración no se limita a un tiempo específico ni a un lugar en particular. Dios nos encuentra en toda temporada, en cualquier lugar, incluido el desierto. Después de todo, la conversación de Jesús con la mujer samaritana comenzó con una simple petición de agua, algo que cualquiera en un desierto podría pedir.

Preparándonos con adoración

En Números 21, los israelitas están viajando por el desierto, viniendo de una parada previa en un lugar llamado Matana: «De allí continuaron hasta Beer, el pozo donde el Señor dijo a Moisés: «Reúne al pueblo y les daré agua» (Números 21:16, NVI). Cuando Dios les provee agua, espontáneamente irrumpen en cántico y alaban a Dios por el pozo que Él les había dado. Se convierten en una sola voz, adorando en medio de su travesía por el desierto:

> *«¡Que brote agua del pozo!*
> *¡Canten en su honor!*
> *¡Pozo que cavaron los príncipes, y que los nobles del pueblo abrieron con sus cetros y bastones de mando!» (vv. 17-18).*

Con el Cántico del Pozo, los israelitas elevan sus voces en adoración mientras avanzan por el desierto. Este pasaje nos muestra que Dios provee para nosotros en las temporadas de desierto, y que podemos responder con gratitud y con cánticos de alabanza y adoración. Esto se convirtió en parte de la historia de los israelitas y fue una señal del crecimiento de su fe.

Nuestra adoración es parte de cómo preparamos el camino para el Señor mientras atravesamos el desierto. El desierto, además de ser un lugar donde aprendemos a depender de Dios, también es un tiempo para prepararnos espiritualmente, una temporada de transformación. Mientras avanzas por el desierto, estás escribiendo parte de tu historia. Específicamente, estás sumando una temporada de sanidad, un proceso en el cual estás volviéndote completo, en integridad y plenitud. A medida que sanas, vas creando tu historia y, al mismo tiempo, preparándote para contarla.

Tu historia, el testimonio de lo que Dios ha hecho y está haciendo en tu vida, es tuyo para contar. Compartirlo es una forma de adoración, de darle gloria a Dios. Dios ha sido digno de toda alabanza desde el principio, como Hacedor de todas las cosas y Creador de la humanidad a Su imagen. Y seguirá siendo Digno hasta el final por lo mismo, tal como lo anuncia el último libro de la Biblia: «Digno eres, Señor y Dios nuestro, de recibir la gloria, la honra y el poder, porque tú creaste todas las cosas; por tu voluntad existen y fueron creadas» (Apocalipsis 4:11, NVI).

NOTAS

CAPÍTULO 9

TEN EXPECTATIVA DE LIBERTAD Y ENTRENA EXPECTANTE

«Así que, si el Hijo los libera, serán ustedes verdaderamente libres» (Juan 8:36, NVI). Jesús pronunció estas palabras durante un enfrentamiento con líderes religiosos que se enorgullecían de su linaje y de su cumplimiento de la ley. Como descendientes de Abraham, creían que ya eran libres, y así lo afirmaban. Pero Jesús confrontó esa suposición, enseñando que la verdadera libertad no se encuentra en la herencia ni en la obediencia externa. Jesús dice que la verdadera libertad se encuentra en conocerlo y permanecer en Él.

La libertad se encuentra en Jesús, y está disponible para nosotros a través de una relación con Él, un vínculo arraigado en la confianza y la verdad. Nuestra relación con Jesús es de reciprocidad: cuando nos entregamos a Él, con enfoque, rendición y fe, Él nos encuentra, nos forma y nos lleva más profundamente hacia la libertad. No es transaccional, pero sí interactiva y dinámica. Es una relación donde nuestra acción invita a una respuesta, y esa respuesta nos transforma.

Cuando se trata de la libertad, el dolor sencillamente puede interponerse en el camino. El dolor y la libertad no son exactamente antónimos, pero si fueran equipos deportivos, sin duda serían rivales. No encontrarías a uno haciendo su práctica vespertina en la cancha del otro. Lo mismo sucede en relación con la sanidad: los dos, el dolor y la libertad, no siempre juegan bien juntos.

El dolor puede distraernos de Jesús. En lugar de enfocarnos en Él, somos tentados a fijar la mirada en nuestro dolor, lo cual nos aleja de la libertad que Él ofrece. Para que quede claro, esto no es una razón para evitar el dolor. Ya hemos establecido que reconocer las emociones dolorosas debe ser parte del proceso de sanidad. Pero sí es la razón para enfocarnos en Jesús. Mantener nuestros ojos fijos en Él es la única manera de llegar a experimentar la libertad, porque Él es quien la hace posible.

En medio del sufrimiento, la libertad puede sentirse como una idea remota, algo distante e inalcanzable, porque el dolor tiene una manera sutil de distorsionar nuestra capacidad de visualizar el futuro. Según su intensidad, el dolor puede hacer que incluso el concepto de un futuro parezca imposible de comprender. Por eso, con frecuencia, buscamos instintivamente un alivio inmediato. Es por eso que tomamos cualquier cosa que pueda amortiguar el dolor en el momento. Para quienes están atrapados en las garras de la depresión o en un estado prolongado de ansiedad, la idea de libertad puede parecer no solo improbable, sino totalmente fuera de alcance.

Pero el propósito de sentir dolor es liberarlo. Cuando soltamos el dolor del pasado durante el proceso de sanidad, creamos espacio para enfocarnos en Jesús. Luego, al enfocarnos en Él, nos alejamos de ese dolor con mayor claridad. Al experimentar dolor en el presente, poner los ojos en Jesús nos ayuda a atravesarlo con fortaleza. Al volver nuestra mirada a Jesús, podemos ver con mayor claridad la libertad que viene con la sanidad. Me atrevería a decir que, mientras más difícil parezca alcanzar la libertad, con más razón debemos elegir sanar y enfocarnos en Cristo.

Para lograrlo, debemos *poder* enfocarnos, creando espacio mental, emocional y espiritual, para recibir de verdad lo que Jesús nos está ofreciendo. La libertad en Cristo es real, y debemos vivir con la expectativa de la libertad que Jesús promete. Pero para vivir en ella debemos despejar el camino.

«Es viernes, ¡y el cuerpo lo sabe!»

En 2021, estaba entrenando para mi primera carrera de 5 km. Cuando eres un corredor principiante preparándose para una carrera, piensas mucho en tu cuerpo, al menos, así fue en mi caso. Cuando salía a correr, pensaba constantemente en cómo estaba funcionando mi cuerpo, aunque fuese de forma involuntaria. Al principio, no me proponía conscientemente pensar en lo que estaba ocurriendo con mi cuerpo. Esos pensamientos surgían por sí solos.

En esos primeros entrenamientos, regresaba a casa sintiéndome derrotada por lo exigente que era. Mis pensamientos más comunes al correr eran: *No puedo respirar. Necesito agua. Siento dolor.* Con el tiempo, decidida a alcanzar mi meta, me encontré con un dato sobre la relación entre el pensamiento y el cuerpo. Una neurocientífica llamada Candace Pert descubrió que el pensamiento negativo en realidad debilita tus músculos. El cuerpo responde a los estímulos del pensamiento con algo que ella llama «sustancias informacionales» (hormonas y compuestos químicos) que se generan con el pensamiento.[45] Con mi pensamiento negativo, literalmente estaba preparando a mi cuerpo para fracasar.

Después de aprender esta información tan vital, tuve que hacer ajustes en mi mentalidad, si quería tener éxito. Con cada día de entrenamiento, me dediqué a aprender más sobre mi cuerpo, y a qué debía prestar atención, todo esto asegurándome de mantener mi mente en una actitud positiva.

Comencé a hacer pequeñas evaluaciones de mi cuerpo en el camino, preguntándome: *¿Estoy esforzándome demasiado en esta carrera? ¿Siento algún signo de deshidratación? ¿Estoy manteniendo*

---

45. Pert, C. B., Ruff, M. R., Weber, R. J., & Herkenham, M. (1985). "Neuropeptides and their receptors: A psychosomatic network." *The Journal of Immunology, 135*(2), 820-826.

mis pisadas ligeras y cayendo en la parte media de mi pie? Junto con pensamientos como: *¡Yo puedo con esto! ¡Soy una creación admirable y maravillosa! ¡Dios me ha capacitado para poder manejar esto! ¡Sé que lo lograré!* Estos se convirtieron en pensamientos intencionales que me ayudaban a hacer chequeos físicos. Llegué a sentirme bastante fascinada por cómo mi cuerpo se adaptaba y por lo que era capaz de hacer.

Comencé a valorar todos esos momentos en los que no tenía que hacerme esas preguntas ni darme charlas internas de ánimo. Nuestros cuerpos tienen la capacidad y la inteligencia para mantenernos vivos en circunstancias extremas, pero también en la vida cotidiana. No tenemos que decirnos a nosotros mismos que respiremos o dar instrucciones a nuestro corazón para que lata. No tenemos que programar alarmas que nos recuerden que necesitamos agua, ni un termómetro para regular nuestra temperatura corporal. Cuando necesitamos agua, sentimos sed. Cuando tenemos calor, sudamos. Dios creó nuestro cuerpo con la capacidad de cuidarse de manera natural.

Años antes de comenzar a correr, ya había escuchado sobre esta inteligencia innata del cuerpo en el país donde crecí. La cultura puertorriqueña abraza las celebraciones. Nadie disfruta de un buen momento más que un puertorriqueño. Hay un dicho popular en Puerto Rico que encaja perfectamente con su cultura festiva: «Es viernes, ¡y el cuerpo lo sabe!». La idea es que al final de la semana laboral, estás agotado. Ya cumpliste tus horas en el trabajo y estás listo para relajarte y celebrar. Cuando llega el viernes, estás listo para comenzar el fin de semana, disfrutar de tu tiempo libre y reunirte con tus amigos y familia. Pero la frase toca algo más allá de la cultura puertorriqueña: «el cuerpo lo sabe» es un recordatorio de *cuánto* sabe el cuerpo, mucho más de lo que nuestra mente se da cuenta.

Sobrevivir. Esa es la misión del cuerpo. Por divertida que sea la frase puertorriqueña, encierra una verdad seria. En su misión de mantenerse con vida, el cuerpo almacena estrés y trauma. La psicóloga clínica, Dra. Nicole LePera, lo describe como la manera en que tu cuerpo te ayuda, porque «no te está saboteando. Te está protegiendo».[46] Su investigación combina la psicología con principios holísticos, y ella es una gran defensora de la autosanidad. Ha dado notoriedad a la frase: «El cuerpo lleva la cuenta», y la describe así: «Cuando experimentamos un trauma complejo, es nuestro cuerpo el que cambia físicamente».[47] Llevamos con nosotros el trauma que hemos vivido, muchas veces sin que nuestra mente lo sepa. Nuestra mente puede dejar de pensarlo. Pero ¿nuestro cuerpo? «Siempre intenta protegernos manteniéndose en un estado de alerta y amenaza».[48]

Nuestro cuerpo reacciona automáticamente a las sensaciones físicas y a los estímulos emocionales. Cuando accidentalmente pones el dedo sobre un sartén que acaba de salir del horno, lo retiras de inmediato. Al ver una escena de comedia muy graciosa en una película, sonríes y te ríes a carcajadas. Lo mismo sucede con todo aquello de lo que nuestro cuerpo lleva la cuenta, especialmente el estrés y el trauma. Nuestros cuerpos reaccionan automáticamente de la misma manera. Cuando hueles un aroma que te recuerda una época traumática de tu vida, tu cuerpo puede tensarse de inmediato. Cuando visitas una casa donde te sucedió algo terrible, tu cuerpo puede bombear adrenalina enviándote señales de ansiedad. Después de un trauma, nuestro sistema puede

---

46. Lepera, Nicole. *How to Do the Work: Recognize Your Patterns, Heal from Your Past, and Create Your Self*, 2021.

47. La investigación de la Dra. LePera también ha atraído atención al libro de Bessel van der Kolk, B. (2015) titulado, *The Body Keeps the Score: Brain, Mind, and Body in the Healing of Trauma*, Penguin Books.

48. @the.holistic.psychologist. "The body keeps score" (2023, noviembre 1). *[Reel de Instagram]*. Instagram. https://www.instagram.com/reel/CzHa-DoyhAL/?hl=en.

quedar atrapado en modo de supervivencia, repitiendo estas reacciones aun cuando estemos a salvo. Esto es parte del sistema con el que el cuerpo lleva la cuenta.

No me había percatado de la capacidad de mi cuerpo para recordar, especialmente con lo fácil que mi mente podía olvidar, hasta que comencé a sanar. Entonces me di cuenta con claridad de cuán meticulosamente mi cuerpo había llevado la cuenta, por años. Al estudiar sobre la salud mental, entendí que mi cuerpo había acumulado recuerdos de situaciones traumáticas, dolorosas y estresantes durante toda mi vida. Y su dolor no había sanado por completo. Ciertos olores, lugares e incluso sensaciones provocaban tensión o ansiedad, pero no había hecho la conexión entre mi estrés y trauma pasados y la reacción en tiempo real de mi cuerpo. En un intento por protegerse, mi cuerpo había retenido recuerdos dolorosos y «llevado la cuenta».

La verdadera sanidad ocurre cuando tu corazón, alma, mente y cuerpo forman parte del proceso, especialmente cuando hay trauma involucrado. Al comenzar el proceso de sanidad, quizá pienses de forma similar a como yo pensaba cuando comencé a correr. Eres consciente de que sientes estrés, percibes cuando te tensas o reconoces la sensación de que la ansiedad está aumentando. Estos son mensajes que tu cuerpo te está enviando. Así como hice yo a medida que progresaba en mi entrenamiento, comienza a aprender sobre tu cuerpo, dirigiendo tus pensamientos a sanar la causa de sus reacciones adversas. Si no puedes dormir, te sientes abrumado o desconectado, pon atención. Tu cuerpo está recordando, y es hora de prestarle atención.

Dios, en Su infinita misericordia, te dio un cuerpo inteligente. Es la vasija que nos dio para habitar. Escúchalo. Ponle atención. Y hónralo dándole el cuidado que merece.

Practicando disciplinas espirituales

Cuando decidí por primera vez correr un 5K, se necesitó disciplina para entrenar y así poder correr esa carrera. Tenía que correr en mis días planificados para seguir aumentando la distancia. A medida que avanzaba mi entrenamiento, mis niveles de resistencia aumentaban hasta poder correr de forma continua por más tiempo. La disciplina y la resistencia espirituales funcionan de la misma manera. Sabemos que es solo a través de Jesús que podemos experimentar la libertad, y Él nos la promete. Debido a que el dolor puede distraernos de Jesús, debemos estar aún más preparados para permanecer enfocados en Él. Eso requiere entrenamiento. Y la disciplina espiritual desarrolla la resistencia que necesitamos para mantenernos enfocados en Jesús.

He llegado a amar la disciplina espiritual de la meditación porque me ha enseñado a estar en la presencia del Señor. La meditación se ha convertido en un lugar de quietud donde puedo escuchar a Dios con mayor claridad y dejar que Su verdad se asiente profundamente en mi corazón. Es un tiempo especial en el que puedo conectarme con Dios. Medito mientras corro, entrenando mi mente para enfocarse en Él y silenciar las distracciones. También he aprendido a esperar experimentar la libertad de Dios durante la meditación, libertad de la ansiedad, del miedo y del afán. Entretejida con la sanidad, la meditación se ha convertido en parte de mi entrenamiento espiritual.

La palabra «meditación» tiene varias connotaciones y aparece en muchos contextos diferentes. En la actualidad, es una práctica mental destinada a eliminar distracciones y mejorar el enfoque, con el objetivo de lograr claridad mental, serenidad emocional y relajación física. La definición bíblica de la meditación, y sí, hay una definición *bíblica,* difiere de las seculares. La única meditación que practico y recomiendo es la meditación bíblica. Es una práctica de reflexión profunda y en oración sobre la Palabra de Dios y Su carácter, con el objetivo de alcanzar intimidad espiritual. En lugar de pensar en la meditación como un momento para vaciar la mente, piensa en ella como un momento para llenar todo tu ser con la Palabra de Dios.

En lo personal, no tengo un proceso estricto o formal para hacerlo. Para mí, meditar debe ser algo agradable, un tiempo para relajarse, no una obligación con una rígida secuencia de pasos específicos. Pongo música tranquila y relajante, algo que podría tener de fondo mientras leo o duermo. Comienzo pensando en el fundamento de mi vida, y de toda nuestra vida: «Ama al Señor tu Dios con todo tu corazón, con toda tu alma, con toda tu mente y con todas tus fuerzas». En esos primeros momentos, procuro alinear todo mi ser para enfocarme en el Espíritu Santo, mi amigo y consolador.

Para prepararme, respiro profundamente varias veces, liberando la tensión de mi cuerpo mientras exhalo lentamente en cada una. Siento que mi corazón late más despacio a medida que mi ritmo cardíaco se calma, y dejo ir la adrenalina que recorre mi cuerpo. Es un tiempo para encarnar plenamente el Salmo 46:10, estar «quietos» y reconocer que Él es Dios.

Luego procuro tomar conciencia de lo que ocurre en mi corazón. ¿Qué emociones intensas estoy sintiendo? ¿Siento más de una? A Dios le importan todas nuestras emociones. Sean alegres o tristes, cómodas o incómodas, positivas o negativas. Considero si hay alguna que esté predominando sobre las demás. ¿Cuál es? ¿Me siento en calma? ¿Me siento plena? ¿Fortalecida? ¿Débil? Primero me conecto con mi corazón.

Luego, enfoco mi atención en mi alma, preguntándome cuáles son mis motivaciones. ¿Estoy alineada con lo que Dios quiere para mí? ¿Estoy persiguiendo algo que provenga de mi propio deseo o de los placeres de esta vida? ¿Quiero dejarme guiar por el Espíritu Santo o estoy tratando de sofocar Su presencia? ¿Estoy permitiendo que mi voluntad tenga prioridad sobre la voluntad del Señor para mi vida?

Por último, concluyo en oración para conectarme con Dios, manteniéndome en sintonía con mi espíritu. Uso este momento para adorar, elevando alabanzas al Señor. Expreso mi gratitud por Su santidad, mi agradecimiento por Sus bendiciones y mi adoración por quién es Él. Aprovecho este tiempo para recentrar mi atención en quién es Dios. Usualmente termino poniendo música de adoración (si es que ya no lo había hecho desde un principio).

La meditación es un tiempo para considerar, reflexionar y examinar todo tu ser: corazón, alma, mente y cuerpo. Cuando puedo respirar profundamente, sintiendo que un peso se levantara de mis hombros, me pongo en sintonía con el Espíritu Santo y llevo esa paz conmigo durante todo el día. Sin importar los problemas que surjan más tarde en el día, o los que ya haya enfrentado antes, siento la presencia del Señor en estos momentos de meditación. Sé que Él está conmigo, y tengo una paz que ahuyenta el temor. Cuando siento esa paz, he completado mi meditación.

Algunas personas meditan por 15 minutos, una hora, o incluso dos o tres horas al día. Las prácticas de meditación de cada persona son diferentes. Todo depende de lo que necesites. No siempre tengo tiempo para meditar temprano en la mañana, y no quiero sentirme apurada ni tener que hacerlo con prisa. Así que cada mañana reviso la agenda de mi día y busco varios espacios a lo largo del día en los que pueda tener tiempo; de esa manera, me mantengo disciplinada, aprendiendo y creciendo en mi relación íntima con el Señor. Y cuando empiezo a sentirme tensa o alterada, me pregunto: *¿He meditado en la Palabra de Dios hoy?* Usualmente, la respuesta a esa pregunta en momentos de estrés es *no* o *no lo suficiente.*

Lo más importante es poder alinearte por entero, de tal manera que todo tu ser pueda alabar al Señor con cada respiro que tomes.

Desarrollando resistencia espiritual

Implementar disciplinas espirituales en nuestra vida aumenta nuestra resistencia espiritual, nuestra capacidad de mantenernos enfocados en Jesús y en la libertad que Él nos ofrece. La Biblia nos dice que debemos tener la Palabra de Dios constantemente en nuestros pensamientos y acciones, porque ella da forma a cada parte de nuestro ser y de nuestra vida. Esto significa que una de nuestras prácticas espirituales fundamentales debe ser acudir a Su Palabra.

La Palabra de Dios no son simplemente palabras para que nuestro intelecto las procese. Es el aliento vivo de Dios traducido en palabras que podemos entender. Está *viva* y habla activamente a lo más profundo de nuestro ser (Hebreos 4:12). También es nuestro pan de cada día que alimenta la vida dentro de nosotros (Mateo 4:4). Así como las comidas diarias nutren nuestro cuerpo, también la Palabra de Dios, el Pan de Vida, nutre nuestro espíritu, la parte de nuestro ser que nos conecta con Dios.

Yo utilizo una práctica fácil de recordar para el entrenamiento espiritual llamada el modelo 10-10-10. En su nivel más básico, consiste en pasar diez minutos en adoración, diez minutos en la Palabra y diez minutos en oración. A veces dedico diez minutos a adorar al Señor, y luego diez minutos a orar, presentando peticiones, súplicas y ruegos ante de Él. Para los últimos diez minutos, me quedo en meditación para escuchar al Señor y atender lo que Él desea hablar a mi vida.

Este es un ejercicio sencillo de poner en práctica, y una gran manera de comenzar a edificar tu disciplina y resistencia espiritual. Concluyamos con una oración, honrando la práctica espiritual de tener comunión con nuestro Señor.

Señor amado:
Gracias por el regalo de Tu Palabra. Enséñame a meditar en ella de día y de noche, no solo a leerla, sino a dejar que se arraigue profundamente en mi corazón. Ayúdame a reflexionar en Tu verdad, a declararla sobre mi vida y a vivir conforme a ella. Que Tu Palabra dé forma a mis pensamientos, guíe mis acciones y me acerque más a Ti. Mientras en quietud medito en Tus promesas y mandamientos, haz que crezca en sabiduría, fortaleza y obediencia. Ayúdame a deleitarme en Tu Palabra y a atesorarla más cada día.
Amén.

NOTAS

CAPÍTULO 10

ANTICIPA EL DOLOR CON PROPÓSITO

El dolor es una experiencia que nos enseña humildad, porque expone nuestras carencias, limitaciones y debilidades. Romperse un hueso no sucede todos los días (gracias a Dios), pero cuando pasa, rápidamente recordamos cuán frágiles somos en realidad. Con quebrarse solo un dedo del pie ya no se camina con la misma agilidad ni se anda tan ligero como de costumbre. (Y créanme cuando se los digo, ¡pues me he roto los dedos meñiques de ambos pies!). Y si se trata de una pierna rota, como mínimo habrá un yeso con muletas. Quieras o no pedir ayuda, de inmediato te ves en la necesidad de recibirla, lo cual también es una lección de humildad. Ir de compras al supermercado, limpiar la casa o simplemente caminar por ahí se vuelve mucho más sencillo si alguien te ayuda.

Lo mismo sucede con nuestra salud mental al atravesar los momentos más dolorosos del proceso de sanidad. El padecimiento que acompaña a una enfermedad mental no desaparece de inmediato al decidir sanar. Como ya hemos visto, para llegar al otro lado del dolor es necesario atravesarlo durante el proceso de sanidad. Pero cuando entendemos el propósito, el dolor cobra sentido. Podemos ver la meta final, llegar a ser plenos, y sabemos cómo alcanzarla.

En la plenitud podemos amar plenamente a Dios y amar a los demás. Con ese entendimiento, nuestro dolor toma una forma distinta, una con beneficios exponenciales.

En un mundo de aflicción

La Escritura no nos dice que no sufriremos; al contrario, nos dice que *esperemos* el sufrimiento. Las malas interpretaciones del concepto bíblico de bendiciones, el uso selectivo de versículos y la enseñanza del evangelio de la prosperidad han contribuido tristemente a la idea de que los cristianos no sufrirán. Pero esa no es una enseñanza bíblica. El mismo Jesús nos dice en el Evangelio de Juan: «En el mundo tendréis aflicción» (16:33). La Biblia enseña de manera consistente que, como creyentes, experimentaremos dificultades, pruebas y sufrimientos, muchas veces precisamente *a causa* de nuestra fe.

Pero ese versículo en Juan va aún más allá, y no quedamos sin esperanza. El versículo completo en Juan 16 dice: «Les he hablado de estas cosas para que en mí tengan paz. En el mundo tendrán aflicción, pero ¡tengan valor; Yo he vencido al mundo!» (v. 33, RVA2015). Jesús nos deja con una esperanza *eterna*. En estos versículos, Jesús concluye con lo que se conoce como Su discurso de despedida, Sus enseñanzas finales antes de ser arrestado. Comienza diciendo: «Les he hablado de estas cosas». Las «cosas» que les está recordando a Sus discípulos son todas Sus enseñanzas, preparándolos para Su muerte y resurrección.

Jesús continúa diciéndoles que se irá, pero que no los dejará solos. Promete enviar al Consolador (el Espíritu Santo) para guiarlos, enseñarles y consolarlos (Juan 14:16-17; 16:7-15). Luego, les dice que enfrentarán oposición y sufrimiento. Ha sido sumamente sincero y claro sobre ello (Juan 16:2, 20), pero también promete que su tristeza se convertirá en gozo (Juan 16:22). Comienza con *paz* y termina con *esperanza*. Esta es una declaración poderosa acerca de Su victoria sobre el mundo caído en el que vivimos, y nos ofrece una esperanza que trasciende nuestro sufrimiento. Por medio de Su vida, muerte y resurrección, Él ha derrotado a todo poder de este mundo.

Al llegar a este mundo, Jesús también entró en nuestro sufrimiento. Pero Él vino a ofrecernos esperanza para el presente y para lo eterno. El mismo Jesús es descrito como «despreciado y desechado entre los hombres, varón de dolores y experimentado en sufrimiento» (Isaías 53:3, RVA2015). Como cristianos, participamos en los mismos sufrimientos que Él enfrentó. Y es a través de esos sufrimientos que Dios obra para formar en nosotros un carácter semejante al de Cristo.

Un propósito en el dolor

Sería injusto, y falso, atribuir a todo dolor un único propósito. La gran y principal razón por la que experimentamos sufrimiento es porque vivimos en un mundo caído. Es consecuencia del pecado, el odio, la persecución, la muerte, el mal: todo lo que forma parte de este mundo caído. Es simplemente parte de vivir. Pero, aunque no tenemos la opción de escapar del dolor, sí podemos decidir cómo enfrentarlo. Entender esto comienza con la manera en la que vemos lo que podemos hacer con nuestro dolor.

Santiago nos dice: «Amados hermanos, cuando tengan que enfrentar cualquier tipo de problemas, considérenlo como un tiempo para alegrarse mucho porque ustedes saben que, siempre que se pone a prueba la fe, la constancia tiene una oportunidad para desarrollarse» (Santiago 1:2-3, NTV). Santiago no es de los que endulzan la verdad. Noten, primero, que dice «cuando», no «si» llegan las pruebas. Pero luego nos dice que veamos la prueba como una oportunidad. No está diciendo que debamos disfrutar del sufrimiento. Más bien nos anima a verlo de otra manera: no como un dolor inútil, sino como una oportunidad espiritual. El sufrimiento en sí no produce gozo, pero sí el crecimiento que genera.

A la luz de este pasaje de Santiago, podemos ver el dolor que viene con la sanidad como una oportunidad, no para disfrutarlo, sino para vivirlo con propósito. Romanos nos dice lo mismo, afirmando que la aflicción tiene sentido: «también nos gloriamos en las tribulaciones, sabiendo que la tribulación produce perseverancia, y la perseverancia produce carácter probado, y el carácter probado produce esperanza» (Romanos 5:3-4, RVA2015). El dolor y el sufrimiento pueden producir crecimiento, formándonos como creyentes más firmes en la fe.

El fruto del dolor

Si alguna vez aprendiste el fruto del Espíritu cantándolo en una canción o en la escuela bíblica infantil, seguramente todavía resonará en tu mente al leer la lista: amor, gozo, paz, paciencia, benignidad, bondad, fidelidad, mansedumbre y dominio propio (Gálatas 5:22-23). Algunas de estas palabras bíblicas tienen mayores significados, y amo cómo las demás versiones y traducciones de la Biblia lo expresan. Aquí hay algunas variantes de estos frutos del Espíritu que vale la pena destacar.

Estas nueve cualidades son los nueve frutos espirituales (lo que Su presencia produce en nosotros):

- amor/entrega desinteresada por los demás
- gozo/alegría
- paz (interior y exterior)
- paciencia (tanto para esperar como para mantener la actitud correcta mientras esperamos)
- benignidad/amabilidad/gentileza

- bondad
- fe/fidelidad
- mansedumbre/humildad
- templanza/dominio propio/control propio

Las estaciones de dolor, tristeza y quebranto son temporadas de siembra, oportunidades para producir estos frutos. En otras palabras, el dolor puede producir en nosotros los frutos del Espíritu.

Cuando estamos en dolor, lo único que tenemos que hacer es pedir ayuda. En Hebreos 13:5 se registra la promesa de Dios que declara que «Él nunca nos dejará» jamás. Así que no estamos solos en nuestro dolor. Primero, debemos rendirnos, no a nuestro dolor, sino entregarlo al Señor. Luego, debemos perseverar a través de nuestro dolor, y es allí donde entra en acción la obra del Espíritu Santo, quien viene a nuestro lado para ser nuestro Abogado y Consolador. Y al caminar en sintonía con Él, profundizamos nuestra dependencia de Dios.

Nuestra responsabilidad es responder con fe y obediencia, y el Espíritu Santo es quien da poder para el crecimiento del fruto espiritual. Nosotros llevamos el fruto, y el Espíritu Santo produce el crecimiento. Nuestro dolor, pruebas, sufrimientos y luchas que enfrentamos se convierten en la tierra donde el fruto del Espíritu puede verdaderamente crecer. Cuando sufrimos, se nos da la oportunidad de ser moldeados por el Espíritu Santo, produciendo paciencia mientras esperamos, benignidad en cómo respondemos y dominio propio cuando somos tentados a rendirnos.

El capítulo 20 de Proverbios menciona algunos de esos frutos con imágenes intensas. Su versículo 30 dice: «Los azotes y las heridas limpian el mal, y los golpes purifican lo más íntimo del ser» (NVI). ¡Auch! Eso sí que habla de dolor. Obviamente, el versículo no está aprobando el abuso, sino señalando que el dolor puede purificar nuestro carácter. Su lenguaje contundente muestra que las experiencias dolorosas pueden llegar a lo más profundo de quienes somos y provocar un cambio verdadero. El dolor nos presenta una oportunidad que, si la tomamos, puede llevarnos a un crecimiento interior y a una transformación. Es una oportunidad que revela y refina nuestro carácter. Y a menudo obtenemos entendimiento y madurez por medio del dolor, cosas que no aprenderíamos de ninguna otra manera.

Los beneficios del dolor

Cuando Pablo escribió a la iglesia de Galacia, les hizo una pregunta directa y certera que, si tuviera que adivinar, probablemente los detuvo en seco. La iglesia de Galacia había caído en el error de tratar de ganar justicia en lugar de vivir por la fe en Cristo. Para corregirlos, Pablo les recordó su sufrimiento pasado. Y les pregunta: «¿Han tenido tantas experiencias en vano? ¡Si es que de veras fue en vano!» (Gálatas 3:4, NVI). En esencia, les está preguntando: «¿Han pasado por todo esto para nada?». La pregunta de Pablo es también para todos nosotros: ¿vamos a desperdiciar nuestro sufrimiento? Está dando a entender que, si hemos de pasar por dolor y sufrimiento, más vale que lo aprovechemos.

Una manera de usar nuestro dolor de forma beneficiosa es acercarnos a otros en medio del suyo. Puedes servir de ánimo para alguien simplemente al elegir sanar, y aún más, al perseverar en medio de ello, quizás sin siquiera darte cuenta. Alguien puede estar observándote desde lejos, a quien casi no conoces. Pero saben lo suficiente de cómo modelas la sanidad, y puede ser justo lo que necesita para comenzar su propio proceso.

La primera vez en que oficialmente corrí, tuve de acompañante para correr a Jaime García. Así es, el *mismo* Jaime García, campeón de Grandes Ligas de Béisbol. ¡Las maravillas de Dios nunca dejan de sorprender! Pero en verdad, correr con Jaime, un buen amigo y aún mejor atleta, uno de los mejores que conozco, fue otro destello de la gracia de Dios para mí. Cuando nos conectamos, yo necesitaba un empujón de alguien que iba más avanzado que yo en el deporte, alguien que sabía más que yo y que ya había recorrido el camino que yo apenas estaba comenzando a transitar.

Entonces Dios puso a un gran atleta a correr a mi lado. Jaime fácilmente pudo haber completado tres vueltas en cualquier pista mientras yo apenas daba mis primeros tres pasos. Pero Jaime se mantuvo a *mi* ritmo. Él marcó el tono de nuestra carrera, pero me permitió establecer el paso. Jaime se dejó usar por el Señor sin siquiera saberlo. Se lo dije a Jaime en una entrevista informal que hicimos por esos días, le agradecí por dejarse usar por el Señor. Me sorprendió su respuesta porque, para mi asombro, fue él quien me dio las gracias. ¿A mí? «No sabes cuánto aprecio tus palabras, tu vulnerabilidad. Sé que toda la gente que te sigue es sumamente bendecida, y te admiro mucho. Creo que la bendición es mutua. Esto me ayuda y me inspira mucho a seguir adelante», me dijo. Ya sabía que Jaime tenía un corazón muy sensible, pero sus palabras realmente me pararon en seco o, mejor dicho, en *la* pista. Allí estaba yo, totalmente fuera de mi liga menor, teniendo a alguien de las ligas mayores (literalmente) dándome las gracias *a mí*.

Esto demuestra que nunca sabemos cómo Dios puede usar nuestro dolor, que es parte de nuestra historia, para dar testimonio al mundo. No tienes que subirte a un escenario ni gritarlo a los cuatro vientos. Sino simplemente al vivir tu vida, hablar abiertamente de tu caminar, de tu sanidad y de la obra del Señor en ti, puedes dar testimonio. Todo eso es un testimonio que alguien necesita, alguien que se beneficiará por tu testimonio, tu corazón y tu vulnerabilidad. Al enemigo le gusta usar el dolor de este mundo para distraernos de Jesús. Pero podemos redirigir nuestras emociones negativas contra el enemigo. Jesús venció al enemigo, y cuando elegimos compartir nuestra historia, nuestro testimonio, nos unimos a esa victoria. En esa libertad, una manera de vencer continuamente al enemigo es compartiendo nuestra historia, testificando de nuestra victoria.

Hace algún tiempo me di cuenta de que había estado desperdiciando mi dolor. El día después de la Navidad del 2021, apenas tres semanas después de haber corrido exitosamente mi primera Carrera Christine D'Clario 5K, tuve un accidente y me fracturé el coxis. En ese momento de mi vida, ya había logrado avanzar mucho en la recuperación de mi salud. Todos los elementos de mi ser: el corazón, el alma, la mente y la fuerza, por fin estaban alineados. Y en esa alineación había logrado estar completamente libre de dolor después de años de respuestas inflamatorias causadas por el alto estrés y los detonantes de traumas. Y de pronto, ¡bam! No podía caminar sin experimentar un dolor insoportable con cada paso. Fue, literalmente, un dolor en el trasero.

A medida que mi recuperación avanzaba y pude volver a salir de casa con cuidado, fui directo a la iglesia. Esa noche había una conferencia, y el pastor Rick Warren era el predicador. Pero estaba predicando por medio de un video pregrabado, porque resultó que él también estaba enfrentando problemas de salud muy dolorosos. Cuando comenzó su mensaje, ahí estaba yo, sentada sobre un cojín en forma de dona y sintiendo el punzante dolor consecuente de mis primeros pasos literales fuera de casa. Sorprendentemente, el tema del sermón era, precisamente, los beneficios de nuestro dolor.

Al escuchar el título del sermón, sentí una lucha dentro de mí. Por un lado, quería voltear los ojos y decir: «¿En serio? ¿Beneficios en el dolor? ¡No existen!». Pero, por otro lado, me incliné hacia adelante, decidida a absorber toda la sabiduría que pudiera de un sermón con un título tan provocador. Me alegro tanto de que escogí lo segundo. Esa noche, muchos paradigmas cambiaron para mí. Desde entonces, cada vez que experimento dolor o aconsejo a alguien que lo atraviesa, he puesto en práctica muchos de los principios que aprendí esa noche. Ese sermón encendió chispas dentro de mí para profundizar en la comprensión de los beneficios del dolor. Y mucho de lo que comparto en este capítulo nació de esa revelación.

El dolor es un poderoso testimonio para el mundo porque puede conectar a otros que sufren con el amor de Jesús. Como escribe Pablo en Filipenses 1:12, las dificultades pueden hacer avanzar el evangelio. Tu mensaje de vida más profundo suele nacer de tu dolor más profundo. En lugar de esconder tu herida, permite que se convierta en el testimonio que alguien más necesita. Cuando soportamos con paciencia las pruebas, reflejamos la fortaleza y la gracia de Dios. La mayor evidencia del amor de Dios no fue la comodidad sino el sufrimiento de Cristo. Así que no desperdicies tu dolor; deja que sea una luz que apunte a otros hacia la esperanza y la redención.

El dolor también nos lleva a una comunión más profunda, tanto con otros como en servicio a ellos. Cuando se comparte con honestidad, el dolor derriba muros y crea conexión. Hemos sido llamados a llevar las cargas los unos de los otros, y esa «comunión de sufrimiento» (Gálatas 6:2) es un espacio sagrado de amor y apoyo. A menudo notarás que ni siquiera hacen falta palabras; tu sola presencia demuestra tu amor. El dolor madura la compasión, capacitándote para servir a otros con más ternura. Dios nos consuela no solo para nuestra propia sanidad, sino para que también consolemos a otros (2 Corintios 1:4-6). Tus heridas pueden convertirse en evidencia de tu redención ante los ojos de otros.

No cabe duda de que el dolor también puede hacernos más compasivos y sensibles en el servicio a otros, lo que algunos llaman «sufrimiento redentor». Cuando hemos experimentado un dolor profundo, muchas veces estamos mejor equipados para reconocer y responder al dolor de los demás. Dios nos consuela en nuestras tribulaciones para que consolemos a otros con el mismo consuelo que hemos recibido (2 Corintios 1:4-6). Nuestro sufrimiento no es en vano; puede convertirse en la herramienta que Dios usa para traer esperanza y sanidad a alguien más. Muchas veces es a través del dolor que aprendemos a servir con verdadera compasión, tal como lo hizo Jesús.

Ánimo al corazón

Hemos sido llamados a vivir plenamente y en abundancia. La Escritura nos dice que Jesús vino no solo para ofrecernos vida eterna, sino también para darnos una vida rica y significativa aquí y ahora: «El ladrón no viene más que a robar, matar y destruir; Yo he venido para que tengan vida, y la tengan en abundancia» (Juan 10:10, NVI). Esta vida abundante incluye profundidad espiritual, relaciones sanas y una vida con propósito. Aunque esperamos con ansias la promesa del cielo, esa esperanza no debe llevarnos a desconectarnos del presente ni a usar la eternidad como un escape de los desafíos de esta vida.

En cambio, la Escritura nos enseña que aun el sufrimiento tiene propósito. El dolor puede convertirse en un espacio para el crecimiento, la formación de carácter y la madurez espiritual. Escoger sanar frente a la adversidad no es debilidad, es fortaleza. Requiere valor, resiliencia y, muchas veces, fe en que Dios está obrando algo significativo incluso en nuestros momentos más duros. La vida abundante no significa una vida sin dolor, sino una vida vivida en profundidad, con Dios, con otros y con esperanza.

Encontrar propósito en nuestro dolor nos da una perspectiva que nos ayuda no solo a sobrevivir, sino a vivir en abundancia, aun en medio de los tiempos más difíciles.

NOTAS

CAPÍTULO 11

HAZ ESPACIO PARA LOS DEMÁS

Cuando en aquella entrevista radial solté la verdad «des-filtrada» de estar atravesando la temporada más oscura de mi vida, en realidad apenas había comenzado mi camino de sanidad. En aquel entonces, me estaba reuniendo regularmente con mi terapeuta, y en nuestra siguiente sesión, me preguntó cómo me sentía después de haber compartido de manera tan espontánea una parte tan íntima de mi vida. Respondí, pero añadí una pregunta que daba vueltas en mi mente.

«Me siento aliviada. Pero ¿por qué? ¿Por qué siento alivio?». No había logrado entenderlo. Anticipaba tener muchas emociones después de revelar públicamente lo que realmente estaba ocurriendo detrás de las puertas cerradas de mi vida. El alivio no era una de ellas.

«La confesión —dijo ella—, trae sanidad. Mientras más personas sepan lo que está oculto, menos poder tiene el enemigo para condenarte. Y más sanidad puede fluir a tu vida».

«Entonces confesémoslo al mundo», respondí. Y lo decía en serio.

Así que esa misma semana decidí grabar un video confesional y subirlo a YouTube. En él expliqué todo lo que había sucedido previo a mi diagnóstico y todo lo que había experimentado desde entonces. Antes de publicarlo, aún no tenía idea de cuál sería la respuesta. Tal vez la gente sería receptiva. Pero quizá no. Yo esperaba que la respuesta resultara similar a la que había recibido durante la entrevista radial. Todavía no estaba segura, pero si esto podía quitarle poder al enemigo sobre mí, estaba dispuesta a hacerlo. Con la esperanza de más sanidad por delante, lo publiqué.

Para mi sorpresa, recibí más mensajes directos y comentarios de los que podía manejar. Fueron miles. Miles. Al leerlos, dos temas predominantes se hicieron abrumadoramente obvios para mí.

Uno de los temas tenía que ver con ánimo *para mí.* Muchas personas comentaron para decirme que ellas también habían pasado por lo mismo, y querían alentarme a seguir adelante. Aquellos mensajes fueron un bálsamo para mi espíritu y para mi alma. Yo ya sabía que era una de muchas personas en el mundo que habían lidiado con asuntos de salud mental, mi partera y mi terapeuta me lo habían dejado muy claro. Pero estos mensajes fueron como una evidencia personal de ello. Y allí estaban todas esas personas afirmando mi decisión de sanar. Me sentí animada y más motivada por ellas.

El segundo tema tenía que ver con el ánimo *para otros.* Este me tocó el corazón, y fuerte. En mi video había dicho algo como: «Necesito ayuda, y si tú necesitas ayuda, está bien pedirla». Esa idea resonó en las personas, porque recibí incontables mensajes que decían: «Me animaste a buscar ayuda». Esto no me lo esperaba. Había publicado ese video con la intención de quitarle poder al enemigo en mi propia vida y de abrir más espacio para la sanidad en mí. Me había tomado un poco de valentía hacerlo, pero me di cuenta de que esa valentía se había derramado hacia otros. Al compartir mi historia, animé a otros a buscar ayuda y a tener el valor de comenzar a sanar.

Cuando entendí que hablar de mi camino de sanidad no solo me ayudaba a mí, sino también a otros, supe que ya no habría manera de detenerme. Con mi fuerza puesta en Dios y mis ojos fijos en Cristo, tenía delante de mí una nueva misión: ayudar a preparar el camino para otros.

Palabras de ánimo

Si alguna vez escuchaste sobre los cinco lenguajes del amor, probablemente sabes que uno de ellos son las palabras de afirmación. *Los 5 lenguajes del amor: el secreto del amor que perdura*, es un libro publicado en 1992 por el Dr. Gary Chapman, y describe cinco maneras en que las personas dan y reciben amor.[49] Los conceptos de este libro se enseñan en todas partes: iglesias, universidades, grupos pequeños para mejorar la comunicación en las relaciones al comprender cómo dar y recibir amor. Las palabras de afirmación, específicamente, son expresiones verbales de amor, aprecio, ánimo o apoyo que hacen que una persona se sienta valorada y emocionalmente conectada.

Cuando decidí correr un 5K, todavía no tenía una fecha oficial fijada para hacerlo. Pero me comprometí públicamente diciendo que lo iba a correr. (Y por «públicamente» quiero decir en Instagram). Solía dar «actualizaciones» después de correr, y recuerdo sentir tanta gratitud por todas las personas que me apoyaban. Me enviaban palabras de ánimo en los comentarios, y me asombraba el amor y apoyo que recibía. Eso se convirtió en una verdadera motivación para mí, una bendición real para mi corazón.

No importa si las palabras de afirmación son tu lenguaje principal del amor o no, las palabras de ánimo impactan a todos. Nos dan motivación para iniciar una tarea o seguir con ella. Nos impulsan y nos ayudan a perseverar. El texto escrito en Proverbios 16:24 dice: «Panal de miel son los dichos suaves; suavidad al alma y medicina para los huesos» (RVR1960). Las palabras llegan hasta nuestra alma y se adentran en lo profundo de nuestros huesos.

49. Chapman, G. (2024). *Los 5 lenguajes del amor: El secreto de un amor que perdura* (Ed. revisada y actualizada). Northfield Publishing.

Hace algunos años apareció un breve artículo en *Guideposts* titulado «El poder de las palabras».[50] Su autora cuenta una tierna anécdota acerca de sus hijas, quienes habían estado escuchando el sermón durante el «servicio de adultos». Se dio cuenta cuando su hija de cuatro años le dijo que su hermana estaba «declarando cosas malas» sobre ella. Al relatar esta historia tan simpática de cómo su hija había entendido el concepto del «poder de las palabras», explica que debemos «aprovechar toda oportunidad para usar nuestras palabras para animar y levantar a las personas que encontramos cada día».

Como recuerda a los lectores, Proverbios 18:21 nos dice que «la muerte y la vida están en poder de la lengua», una responsabilidad considerable para una parte tan pequeña de nuestro cuerpo. Pero las palabras llevan un peso significativo para todos. Ella concluye diciendo que «las palabras de otros pueden afectarnos profundamente, pero nuestras palabras también pueden afectar profundamente a otros». Y qué cierto es.

Cuando el desánimo llegaba durante mi proceso de sanidad, como a veces pasaba, yo solía acudir al libro de los Salmos y leer las palabras de ánimo de David. David a menudo le escribía a Dios, pero también se hablaba a sí mismo, para animarse. He regresado incontables veces a leer esas palabras para animarme. Aún lo hago y siempre lo haré, porque su historia ha alentado la mía.

Las palabras tienen un inmenso poder. Una sola frase de aliento puede levantar el espíritu de alguien, restaurar su motivación y darle confianza. En momentos de duda o dificultad, las palabras amables y afirmativas suelen tener más peso del que imaginamos, y resuenan mucho tiempo después de haberlas pronunciado. Ya sea una tranquila palabra de seguridad o un cumplido

50. *The power of words.* (s. f.). Guideposts. https://guideposts.org/positive-living/friends-and-family/parenting/children/the-power-of-words/.

de corazón, el ánimo tiene la capacidad de sanar, inspirar y cambiar el clima en la temporada de alguien, aunque sea solo por un día. Las palabras dichas con gran cuidado pueden ser un acto poderoso de amor, uno que todos podemos brindarles a los demás.

Historias de ánimo

Antes de entrar a la tierra prometida, Moisés les recordó a los israelitas su camino, y cuán lejos habían llegado. Este es el tema central del libro de Deuteronomio. En su discurso de despedida, Moisés repasó la fidelidad de Dios, diciendo: «Recuerda cómo el Señor tu Dios te guio por el desierto durante cuarenta años» (8:2, NTV).

Ellos *descubrieron su voz en medio* del desierto. Los israelitas habían comenzado a expresar su identidad, sus temores, sus alabanzas y preocupaciones de manera más abierta, una etapa formativa en el descubrimiento de su voz.[51] Habían *clamado con su voz desde adentro* del desierto. Una y otra vez alzaron su voz en clamor, unas veces por agotamiento, otras por miedo y otras en desesperación o arrepentimiento.[52] Habían *preparado el camino usando su voz a través* del desierto. Cada sonido de su voz —alabanza, testimonio, confesión— comenzó a moldear su identidad y a preparar a la siguiente generación para la vida en la tierra prometida.[53]

Los años que los israelitas estuvieron abriéndose paso por el desierto se convirtieron en una temporada de preparación espiritual. Mientras andaban errantes, al mismo tiempo se estaban preparando para entrar a la tierra prometida como una

---

51. Ver Éxodo 15:1 y 19:8 para la primera ocasión en que Israel adoró y respondió a Dios de manera comunal.

52. Ver Éxodo 16:2-3, Números 14:1 y 21:7 para las preocupaciones, temores y confesiones del pueblo de Israel.

53. Ver Deuteronomio 6:6-7, 32:1-2, y 27:14 para la enseñanza e instrucción dada a Israel sobre la adoración.

sola nación, un solo pueblo. Esa temporada llegó a ser una parte fundamental de su historia, y hoy la leemos para aprender de ella. Israel nos preparó el camino al darnos una historia de la cual extraer sabiduría. Estaban preparando el camino para otros, para ti, para mí y para cada creyente por venir.

De la misma manera, nuestros períodos de desierto pueden convertirse en historias que preparen el camino para otros. Ya sea que recién iniciaste tu proceso de sanidad o estás considerando empezarlo, vale la pena pensarlo, porque tu historia puede impactar a otros y prepararles el camino hacia la sanidad después de ti.

Lo que decimos a otros puede incluso moldear sus elecciones, decisiones y trayectorias. Así sucede cuando compartimos una palabra de ánimo, pero también cuando contamos nuestra historia con honestidad e intención. Invitamos a otros a aprender de nuestros recorridos y a ver con más claridad el suyo propio. Nuestras palabras se convierten en puentes de empatía, valentía y conexión. Nuestras voces pueden traer luz y fortaleza a otros que quizás estén atravesando un desierto oscuro.

Corriendo con tenedores

Cuando estoy en plena preparación para una carrera, a veces me toca correr varios días seguidos. Hoy ya no es tan complicado, pero al principio sí lo era. Con el tiempo, el cuerpo se adapta y se vuelve más eficiente: terminas quemando menos calorías haciendo los mismos kilómetros que al inicio. Pero en esos primeros días de entrenamiento, mi cuerpo todavía no estaba listo para tanto.

Después de una de esas primeras jornadas de entrenamiento, estaba muerta de hambre. En casa no quedaban huevos (mi elección favorita de proteína después de correr), así que subí al automóvil para ir a comprar. Pero ni siquiera llegué a la tienda:

con cada minuto el hambre me apretaba más. Así que terminé entrando a un restaurante a buscar algo que comer. Y aclaro: era un restaurante de ensaladas. Yo también estaba haciendo mi esfuerzo por mantenerme saludable.

Hice la fila, pedí mi ensalada y recogí la bolsita para llevar cuando estuvo lista. Iba tan emocionada que casi me puse a bailar por el estacionamiento. Llegué al carro, ya muy pasada del nivel de *hambre feroz*, y para mi sorpresa me di cuenta de que no tenía utensilios. Así que tuve que regresar al restaurante. Revisé el área de servilletas, cubiertos y tapas, pero lo único que encontré fueron cucharas y cuchillos. Ni un solo tenedor. Me acerqué al mostrador y asomé la cabeza para que alguien me viera.

«¿Tienen tenedores? No vi ninguno en el sitio de siempre. ¿Me pueden dar uno?», pregunté de manera cortés, aunque intentaba hablar más fuerte que los rugidos de mi estómago.

«Oh, nos hemos quedado sin tenedores. De hecho, todas nuestras sucursales están igual», me contestó el empleado. «Va a tener que comer con cuchara».

¿Con cuchara?, pensé. *¿Cómo se supone que voy a comer una ensalada con cuchara? ¡Imposible!*

Por tonto que pareciera, me parecía insólito que un lugar dedicado a vender ensaladas no tuviera tenedores. Pero mientras más lo pensaba, más veía este mismo cuadro repetirse en otras situaciones. Y el ejemplo que más me venía a la mente era la Iglesia.

Cuando las personas llegan a una iglesia, especialmente si atraviesan una temporada de desierto, vienen buscando esperanza, un rayo de luz en medio de la oscuridad. Buscan a alguien que refleje a Cristo, alguien que les ayude a encontrar la salida de su desierto. Los guías que la vida les ha ofrecido no han sido de ayuda, sino que han creado más dificultad. Así que intentan tomar una ruta distinta, una que debería ayudar. Llegan dentro de las cuatro paredes del edificio, entre una congregación de personas, pero descubren que allí tampoco hay guías. En cambio, lo que encuentran son dedos acusadores. Con demasiada frecuencia se topan con juicio y condena, muy lejos de una invitación a acercarse a Cristo.

Al poner ambos escenarios lado a lado, sentí convicción en mi interior. ¿Estoy yo siendo un buen utensilio para ayudar a alguien a alimentarse del manantial de vida? ¿Alguien que anhela desesperadamente a Jesús? ¿Estoy representando el amor de Jesús al guiar a otros hacia Su presencia? ¿O estoy dejando que la vida se atraviese en el camino? ¿Estoy tan enredada en mis propias circunstancias que no logro ver a otros en necesidad? ¿Estoy dejando pasar oportunidades de traer personas a una mesa llena de alimento espiritual? ¿Será que no se alimentan porque yo, el utensilio, no les sirvo por no estar presente en su situación?

Así como necesitas un tenedor para comer una ensalada, el mundo necesita a los hijos de Dios, los que están llenos del Espíritu Santo, para ayudar a otros a comer de Su mesa que da vida. Cuando tu temporada de desierto llegue a su fin, recuerda la razón por la cual comenzó tu salida de él: para que puedas amar a otros con todo tu ser. Muchos de esos «otros» aún están en el desierto. Pueden ser personas cercanas a ti o aún desconocidas. Su desierto puede lucir muy distinto al tuyo. Pero sin importar quiénes sean, dónde estén o cómo estén, debemos abrazarlos con amor.

Tenemos que reflejar el amor de Dios en todo y hacia todos. La sanidad, como recordaremos, es un proceso continuo. Escoges sanar para que tu ser esté completo; y luego continúas sanando, sin olvidar jamás tu recorrido en el desierto.

Cuando llegue tu momento de ser el utensilio, sirve a otros desde una mesa llena de alimento espiritual, sé el facilitador y mantente presente.

NOTAS

PARTE IV

UNA VOZ QUE AMA A DIOS: SALIENDO DEL DESIERTO

TRANSFORMACIÓN

CAPÍTULO 12

CON TODO TU CORAZÓN

Nuestro corazón es la fuente original de las emociones *y* la vida, en un sentido literal. Dios creó nuestro corazón como el centro de nuestro cuerpo. Tanto en lo funcional como en lo simbólico, la ubicación central del corazón refleja su papel esencial en sostener la vida. Y las emociones están en el centro de una vida abundante.

Primero, hablemos de la importancia funcional del corazón. Tu corazón está ubicado en el centro de tu pecho. (Bueno, técnicamente, un poco hacia la izquierda). Eso se debe a que es la posición más eficiente para bombear sangre a todo tu cuerpo. Esto le permite llevar oxígeno a tu cabeza, órganos, piernas y brazos, mientras permanece protegido detrás de tus costillas. Desempeña un papel importante en la digestión, la regulación de la temperatura y el funcionamiento general del cuerpo, y tus tejidos y órganos reciben nutrientes gracias a su labor.

En segundo lugar, veamos la importancia simbólica del corazón. El corazón ha representado por mucho tiempo el centro emocional de una persona. Pensamos en el amor, la compasión, la valentía, la tristeza y otras emociones como si provinieran de nuestro corazón. Esto se debe a que, cuando experimentamos sentimientos intensos, solemos percibir una sensación física en nuestro pecho. Un corazón acelerado cuando estamos nerviosos, uno adolorido cuando estamos tristes, o uno sereno cuando estamos en calma.

La Biblia presenta la emoción como una parte natural y significativa de la vida humana, enraizada en nuestro corazón. Emociones como la alegría, la tristeza, el temor, la ira y el amor son reconocidas en las Escrituras, pero al mismo tiempo enseña que deben estar guiadas por la fe y la sabiduría. El corazón es el centro de la vida interior: «Por sobre todas las cosas cuida tu corazón, porque de él mana la vida» (Proverbios 4:23, NVI). Este versículo *no* nos instruye a evitar las emociones ni a considerarlas peligrosas, *sino* a ser conscientes de qué influencias dejamos entrar a nuestro corazón, porque en él nacen nuestros pensamientos y acciones.

No es de extrañar que tu corazón, el asiento de tus sentimientos y emociones, aparezca primero con el que la Escritura ordena amar a Dios plenamente.[54] ¿Podría ser una señal de que el comienzo para aprender a amar de manera plena es aprender a regular nuestras emociones? ¿Alguna vez has amado tan profundamente que, por más que intentas expresarlo bien, las emociones desreguladas te impidieron dar o incluso recibir amor? A mí me sucedió. Sin duda, un corazón desenfrenado es un gran obstáculo para expresar plenamente nuestro amor.

Nuestras emociones en sí no son malas. Son parte de cómo Dios nos creó. Pero, por ser tan poderosas, la Escritura nos llama a administrarlas con sabiduría, alineando nuestro corazón con la verdad de Dios para que nuestras emociones apoyen, y no saboteen, nuestro bienestar espiritual y emocional.

Las emociones como señales

Históricamente, el corazón ha sido considerado como el centro de la emoción, y la mente como la fuente de la razón, especialmente desde la Ilustración (movimiento histórico que alcanzó su punto máximo en el siglo XVIII). Esta división comenzó hace

54. Deuteronomio 6:5; 10:12; 11:13; 30:6; Josué 22:5; Mateo 22:37; Marcos 12:30; Lucas 10:27.

mucho con los filósofos griegos, como Platón, por ejemplo, quienes básicamente declararon que la mente era superior al corazón. En términos generales, estos filósofos valoraban más la razón y la lógica que los sentimientos y el corazón.

En parte, por eso hoy nuestra cultura tiende a asociar el corazón con el amor, la pasión, la vulnerabilidad y cosas semejantes. También por eso las emociones a veces se presentan bajo una luz negativa: cuando se comparan con la lógica, se consideran menos confiables. Hay algo de verdad en esto. Como he mencionado muchas veces, no deberíamos basar nuestras acciones únicamente en la emoción, *pero* sí deberíamos honrarlas y comprender lo que nos están diciendo.

Es útil pensar en las emociones como señales que guían en el camino, no como luces verdes o letreros de peligro en el camino. Ellas nos dan información que podemos usar para navegar la vida. Brené Brown explica que las emociones no son debilidades que debamos evitar, sino «señales» que nos guían hacia la valentía y la conexión.[55] La valentía no consiste en encontrar fuerza para aplastar lo que sentimos, sino en ser vulnerables y expresar con honestidad nuestras emociones. Este tipo de valentía es fundamental para la sanidad. Cuando podemos identificar y nombrar lo que sentimos, podemos atravesar esas emociones con mayor claridad y propósito. Estamos mejor equipados para el viaje de sanidad y para una vida con relaciones auténticas después de él. Sanamos nuestro corazón con el propósito de amar a los demás.

Como mencioné en el primer capítulo, mi corazón nunca ha sabido sentir levemente. Como alguien que siente profundamente, sé por experiencia que mis emociones pueden influir de manera significativa en mis pensamientos y acciones. Pero he

---

55. Brown, B. (2012). *Daring greatly: How the courage to be vulnerable transforms the way we live, love, parent, and lead.* Gotham Books.

aprendido que basar mis pensamientos o comportamientos únicamente en mis emociones no es sano ni útil. Por eso mismo es importante ser consciente de lo que siento. Una vez que entiendo lo que estoy sintiendo, puedo hacerme preguntas que redirijan mis pensamientos. ¿Qué me estoy diciendo a mí misma? ¿Es verdad lo que estoy pensando? Esas preguntas me ayudan a orientar mis acciones, conductas y decisiones.

Optimismo del corazón

Los optimistas suelen ser altamente valorados porque se los conoce por tener perspectivas positivas. Según el *Diccionario Oxford*, un optimista es «alguien que espera u observa el resultado más favorable en cualquier situación; una persona con una visión esperanzadora y positiva».[56] A veces la gente solo piensa en la segunda parte al hablar de optimistas, o incluso creen que solo tienen una visión positiva porque ignoran la realidad o aparentan. Pero negar verdades difíciles o fingir que el dolor no existe no es propio de un *verdadero* optimista.

Un optimista es alguien que busca significado y propósito, incluso en circunstancias dolorosas. Esta verdadera versión de un optimista se alinea con la perspectiva bíblica de las emociones. Para experimentar las emociones más positivas, encantadoras y que dan vida, también debemos experimentar las incómodas.

Experimentar todas las emociones es clave para la abundante vida que Jesús quiere para Sus seguidores, que Él mismo modeló para nosotros. Jesús sintió una serie de emociones. Sintió alegría («mi gozo» Juan 15:11), tristeza («lloró» Juan 11:35) e ira («en enojo» Marcos 3:5). Jesús no solo actuó basándose en Su emoción, sino que permitió que Sus emociones le dieran información.

56. *Optimist.* (s. f.). In *Oxford English Dictionary*. https://www.oed.com/view/Entry/132434

Su ira, por ejemplo, era instructiva, no reactiva, como vemos justo antes de nombrar el Gran Mandamiento.

Cuando Jesús llegó a Jerusalén con Sus doce discípulos (en Marcos 11), Su primera parada fue en los atrios del templo, donde Su entrada triunfal en Jerusalén se convierte rápidamente en una escena de creciente tensión. Jesús había visitado los atrios del templo solo seis meses antes, pero los cambistas aparentemente habían establecido tiendas y convertido los atrios en un mercado durante ese tiempo.[57] El templo estaba destinado a ser un lugar sagrado de culto, pero se había convertido en un negocio de codicia.

Jesús no tarda mucho en evaluar la situación: «Llegaron a Jerusalén. Y al entrar Jesús en el templo comenzó a echar de allí a los que vendían y compraban en su interior. Volcó las mesas de los cambistas y las sillas de los que vendían palomas» (v. 15). Según Marcos, actuó de inmediato, sacando a los compradores y vendedores y corriendo la mercancía tan pronto como entró.[58] Jesús está enojado, pero esta no es una escena de rabia fuera de control. Su ira era una señal, no un problema: aclara lo que le importa y lo que debe corregirse.

En el extremo opuesto del espectro emocional, la alegría también era una parte muy grande de la vida emocional de Jesús. En Lucas 10, Jesús expresa Su alegría después de que setenta y dos de Sus discípulos regresan de la predicación y la enseñanza. Vuelven asombrados, y Jesús celebra no solo su respuesta, sino el poder de Dios. Está encantado de que Dios se haya revelado a los humildes e infantiles. Las Escrituras nos dicen que «en ese momento» Jesús estaba lleno de alegría (se regocijó) «en el Espíritu

57. La última vez que se registra a Jesús visitando los atrios del templo antes de Marcos 11 es en Juan 7-10, cuando Él asiste a la Fiesta de los Tabernáculos en el otoño. Su entrada triunfal en Marcos 11 ocurre durante la semana de la Pascua en la primavera. El tiempo entre ambos es aproximadamente medio año.

58. Marcos 11:15-17.

Santo» (v. 21). La voluntad de Dios se estaba cumpliendo y Su reino estaba creciendo y Jesús sintió gozo por ello.

Para vivir la abundante vida que Jesús vino a darnos, debemos vivir como Él lo hizo, sintiendo y siendo conscientes de nuestras emociones, porque son una parte esencial de esa vida. Vale la pena comprobar si nuestra perspectiva se alinea con la de un verdadero optimista: uno que se basa en la esperanza, que practica la aceptación y encuentra lo bueno. Mientras tanto, el corazón debe estar arraigado en la verdad para que él también permanezca bajo control. Con un corazón sano, puedes dar y amar abundantemente desde él.

Poniéndolo en práctica

Mencioné anteriormente que cuando decidí sanar, adopté un enfoque práctico. Siguiendo con ese enfoque, quería proporcionar alguna orientación sobre dos preguntas prácticas. Pero antes de presentarlas, primero debo aclarar su propósito. Estas listas son solo una referencia, no un juicio. No están pensadas para que te juzgues a ti mismo y sientas culpa, ni para que emitas juicio y provoques culpa. Todos somos humanos y estamos en proceso de sanidad.

Dicho esto, aquí vamos.

¿Cómo se evidencia cuando no amas a Dios con todo tu corazón?

- *Asistiendo a la iglesia para marcar la casilla de presentismo*

Ir a la iglesia es una práctica valiosa para reunirte con otros creyentes en adoración, enseñanza, oración y apoyo mutuo. Pero ir a la iglesia solo para cumplir con una expectativa o mantener las apariencias, carece del amor y la devoción intencionales que Dios desea. Ir a la iglesia es una parte importante de caminar con Cristo, pero no es la parte más importante. La vida con Cristo no se reduce a un edificio sino a una relación personal con Él, marcada por la fe, la obediencia, el amor, el arrepentimiento y la confianza.

- *Ir a Dios únicamente en tiempos de angustia*

Por supuesto debemos acudir a Dios en medio de las luchas. Pero si lo buscamos únicamente cuando los tiempos se ponen difíciles, nuestra motivación es errónea. Buscar a Dios únicamente en tiempos turbulentos refleja una relación de transacción, no de relación. No solo debemos buscar la ayuda de Dios cuando estamos necesitados o cuando la vida se siente inmanejable. En cambio, debemos buscarlo siempre, en todas las estaciones, incluidas las que traen alegría, calma y descanso.

- *Negarse a soltar tus deseos*

Negarse a dejar ir nuestros deseos, especialmente cuando entran en conflicto con la voluntad de Dios, puede ser una señal de que estamos reteniendo parte de nuestro corazón para nosotros. Si no estamos sometiendo nuestros deseos a Él, no lo estamos amando plenamente. Debemos confiar en que Sus planes son mejores que los nuestros, incluso en épocas difíciles. No vale la pena convertir ningún deseo en un ídolo ni colocarlo por encima de Dios.

- *Intentar forzar lo que queremos (controlar la vida)*

La confianza en el tiempo de Dios y Su soberanía debe ser previa a la llegada del miedo, la impaciencia e incluso el orgullo. Creer que nuestro plan es mejor que el de Dios, aunque sea de manera inconsciente, nos lleva a querer forzar las cosas y a controlar nuestra propia vida. Debemos renunciar a nuestros deseos y liberar nuestro control creyendo que Dios es bueno y capaz, incluso cuando Sus caminos no se alinean con los nuestros.

- *Crear una fachada o filtrar tus oraciones*

Cuando presentamos una versión de nosotros mismos que es una fachada o filtramos nuestras oraciones de la manera que creemos que Dios quiere, en lugar de presentarnos como realmente somos, estamos reteniendo la confianza y la vulnerabilidad. Dios ya conoce nuestros pensamientos, temores y fracasos (Salmo 139:1-4), por lo que podemos confiar en Él acercándonos con honestidad y sin filtros, tal como somos.

Cuando obedecemos Sus mandamientos por obligación, nuestra relación con Dios refleja el deber más que la devoción. La obediencia es importante, pero debemos entender que Sus mandamientos provienen del amor por nosotros. No están pensados simplemente para provocar responsabilidad. El amor es lo primero, y la obediencia sigue naturalmente después.

¿Cómo se ve cuando amas a Dios con todo tu corazón?

- *Cultivar una relación cercana (más allá de asistir a la iglesia)*

Amar a Dios con todo tu corazón significa tener una relación con Él que va mucho más allá de solo asistir a la iglesia. Se trata de acercarse a Él en tu vida cotidiana, buscando Su presencia fuera de las paredes de un edificio. Esto puede suceder al reflexionar sobre Su Palabra durante una caminata, hacer una pausa para reconocerlo durante un día ajetreado, o simplemente ser consciente de Su cercanía mientras sigues con tu rutina. El amor crece a través del tiempo, la atención y la intención. La iglesia es parte de ese viaje, pero amar a Dios de todo corazón significa invitarlo a cubrir toda tu vida.

- *Comunicarse con Él regularmente*

Nuestras oraciones no necesitan ser dichas con palabras perfectamente elaboradas. Pero el hábito de entregarle nuestros pensamientos, luchas, gratitud y preguntas a Él crea una conversación continua con Dios. Como en cualquier relación profunda, la conexión con Dios se nutre tanto hablando como escuchando. Es en este ritmo de conversación que nuestro amor por Él crece y se profundiza.

- *Cambiar tus prioridades y motivaciones*

Cuando amas a Dios con todo tu corazón, naturalmente comienzas a reconstruir tus prioridades y motivaciones. Las decisiones que alguna vez se basaron en tus deseos se transforman. Se convierten en oportunidades para reflejar a Dios en tu vida. No se trata de abandonar la ambición o la alegría, sino de alinear esas cosas con un propósito superior: vivir de una manera que lo honre. Una buena pregunta que debes hacerte al evaluar tus motivaciones y prioridades es: De todos los deseos en mi vida, ¿cuál de ellos le da más gloria a Dios? ¿Cuál de ellos me acerca más a Él? Estos te ayudan a determinar qué debe ir primero.

- *Confiar en Él con paciencia y fidelidad*

Amar a Dios con todo tu corazón significa aprender a confiar en Él, incluso cuando no lo entiendes. Esto puede ser inmensamente difícil. Es elegir permanecer fiel cuando las oraciones no son respondidas o cuando el progreso parece ir lento. La paciencia se convierte en un acto de amor y rendición: una declaración de que Su tiempo es mejor que el nuestro. Pero este amor no depende de los resultados. En cambio, está arraigado en quién es

Dios. Siempre fiel, siempre verdadero, permitiendo que las cosas trabajen juntas por nuestro bien.

- *Ser vulnerable con Él, incluyendo tus emociones*

Amar a Dios completamente significa entregarle todo tu corazón, no solo las partes limpias o pulidas. Dios te invita a ser sincero con Él sobre tu tristeza, ira, miedo, duda y alegría. La vulnerabilidad en la oración y la adoración muestra que confías a Dios todo tu ser interior, no solo en tu comportamiento externo. Recuerda que Dios es grande. Más grande que tus emociones. Más grande que tu dolor o pasado. Él es lo suficientemente fuerte como para cargar lo que sea que le entreguemos. Él puede manejar cualquier cosa.

- *Desear guardar Sus mandamientos*

Cuando amas a Dios con todo tu corazón, la obediencia se convierte en una respuesta llena de alegría. De la misma manera que buscamos complacer a alguien de quien estamos enamorados, también nuestro objetivo es complacer a Dios y seguir Su instrucción porque lo amamos de verdad. No se trata de perfección; se trata de vivir de una manera que honre a Dios. Sus mandamientos dejan de ser *restricciones* de la vida para convertirse en *sabiduría* para la vida.

NOTAS

CAPÍTULO 13

CON TODA TU ALMA

A diferencia de nuestro corazón, nuestra alma no es algo que podamos ver o señalar físicamente. Es la parte invisible e interior de nosotros que nos da vida e identidad. No es tangible ni temporal; el alma es eterna y espiritual. Es el lugar donde nuestra relación con Dios echa raíces y donde experimentamos convicción, adoración, anhelo y amor. Si bien es posible que no podamos localizar el alma con nuestras pequeñas herramientas humanas, su presencia es evidente en nuestra conciencia y en nuestro anhelo de significado. El alma no está confinada a un solo lugar del cuerpo. Está entrelazada en el tejido mismo de lo que somos, formando el núcleo de nuestro ser.

La palabra griega original para «alma» en Marcos 12 es *psychēs*, que significa «vida», «aliento» o «espíritu». Amar al Señor con toda el alma debe entenderse como amarlo con nuestro «hombre espiritual». Esto se hace eco del lenguaje de Génesis 2: «Luego el Señor Dios formó al hombre del polvo de la tierra. Sopló aliento de vida en la nariz del hombre, y el hombre se convirtió en un ser viviente» (v. 7, NTV). Cuando Dios creó a Adán, le dio vida a través de Su propio aliento, infundiéndole un alma, una esencia espiritual. Cuando hablamos de amar al Señor con toda nuestra alma, nos referimos a amarlo con nuestro espíritu, nuestra vida interior, nuestro núcleo inspirado por Dios, nuestro hombre espiritual. Es donde comienzan la conexión profunda y la adoración.

Nuestra alma no es solo el núcleo espiritual de lo que somos; también es nuestra parte eterna. Es la única parte de nuestro ser que nos acompañará al cielo, la que sobrevive más allá de la muerte física. Jesús afirma esto en Mateo 10, al decir: «No teman a los que matan el cuerpo, pero no pueden matar el alma. Más bien, teman a aquel que puede destruir alma y cuerpo en el infierno» (v. 28). Jesús nos recuerda que el alma tiene valor y significado eterno. Amar a Dios con toda nuestra alma es confiarle la parte más profunda y duradera de nosotros mismos, reconociendo que nuestra vida verdadera se encuentra en Él.

Amar a Dios con toda nuestra alma se trata de experimentar la plenitud de la vida aquí y ahora. Jesús dijo: «Yo he venido para que tengan vida, y para que la tengan en abundancia» (Juan 10:10). Esta «vida abundante» se encuentra y se crea por la profundidad de nuestra conexión con Dios. Cuando lo amamos con toda nuestra alma, nos abrimos al tipo de vida que Jesús vino a restaurar, una vida marcada por la paz, el propósito, la alegría y la vitalidad espiritual. Es entregarle todo nuestro ser, especialmente nuestra alma, que comenzamos a caminar en la riqueza de la vida como Dios la pensó.

Electrolitos espirituales

Cuando terminé de correr treinta y cinco minutos consecutivos por primera vez, estaba eufórica. Ese había sido mi objetivo durante bastante tiempo. El primer día que intenté correr durante treinta y cinco minutos, no lo logré. Me sentí decepcionada, y se lo mencioné a uno de mis ingenieros de grabación en el estudio ese día. Es un querido amigo y me acompaña en todas mis sesiones en Dallas, y también es corredor. Esa tarde me dio un paquete de electrolitos para volcar en mi agua y me dijo que lo tomara antes de mis carreras.

El día que alcancé mi meta, hice eso. Bebí grandes sorbos de esa agua con electrolitos mientras corría el primer kilómetro, el segundo, el tercero y así sucesivamente. Necesitaba un impulso cada vez que cruzaba un nuevo kilómetro. Parecía darme esa chispa que necesitaba para superar el dolor en mis pantorrillas, mantener la respiración regular y ayudarme a continuar.

Después de que bajó la emoción de alcanzar ese objetivo, me puse a pensar en esos sorbos que había tomado a lo largo de mi carrera. Siempre bebía una tonelada de agua antes de cada carrera, manteniéndome hidratada intencionalmente, pero no había sido suficiente para alcanzar un objetivo tan largo. ¿Cuántas veces pasa lo mismo en nuestra vida? ¿Con qué frecuencia hacemos esto en lo espiritual, sin darle a nuestra alma el agua que necesita?

A veces pensamos que beber solo un poco de agua será suficiente. Vamos a la iglesia los fines de semana. Leemos un capítulo de la Biblia. Decimos una oración de veinte segundos. Luego esperamos que ese pequeño sorbo de agua espiritual sea suficiente para sostenernos toda la semana. Pero a medida que avanzan los días, comenzamos a desvanecernos, específicamente, nuestra alma comienza a cansarse.

Dios nos da llamamientos para nuestras vidas, cada uno de los que se ajusta a quien Él nos creó para ser. Son como semillas en nuestras almas que crecen maravillosamente con el tiempo, misiones personales que nos dan con amor y gracia. Estas asignaciones dadas por Dios son parte de la abundante vida que Jesús quiere que experimentemos, una vida que traerá gloria a Dios. Dios establece metas de longevidad ante nosotros, confiándonoslas para que las superemos. Pero esos objetivos no se pueden cumplir con solo un poco de agua: ir a la iglesia los fines de semana, escuchar un sermón o adorar una vez a la semana. Necesitamos más.

Gracias a ese pequeño paquete de electrolitos, vi una lección paralela entre mi vida espiritual y mi vida física. Quería alcanzar metas más grandes, estirarme más, ir más tiempo. Mientras seguía descubriendo cómo nutrir mejor mi cuerpo, empecé a ver cómo nutrir mejor mi espíritu también. Si quería alcanzar metas más grandes en mis carreras físicas, tenía que consumir electrolitos. Si quería alcanzar metas más grandes en mi caminar espiritual, tenía que consumir electrolitos espirituales.

Necesitamos más que un poco de agua para saciar la sed de nuestra alma. Necesitamos esos electrolitos espirituales que satisfagan nuestras necesidades más profundamente. Necesitamos buscar al Señor en la intimidad, ir a un lugar secreto, leer Su Palabra, saborearla, estudiarla. Necesitamos orar más, pasar más tiempo concentrado con el Señor. Orar, meditar, leer, estudiar, ayunar. Esos electrolitos espirituales nos dan grandes nutrientes espirituales para alcanzar nuestros objetivos espirituales, haciéndolo todo por la gloria del Señor.

Agitando el Espíritu

El Antiguo Testamento a menudo se refiere al «alma» como la parte más íntima de una persona, el núcleo de lo que somos. En el Salmo 103:1, David escribe: «Alaba al Señor, mi alma; todo mi ser más íntimo, alaba a Su santo nombre», mostrando que ve su alma como su yo interior, la parte de él que adora y se conecta profundamente con Dios. Nuestra alma, nuestro yo espiritual, no es pasiva; es consciente y responde a Dios, capaz de reverencia, anhelo y alabanza. Es desde este lugar profundo dentro de donde estamos agitados para buscarlo, conocerlo y glorificarlo.

El Nuevo Testamento a menudo habla del alma como la parte de nosotros que está profunda y eternamente conectada con Dios. En Hechos 2, el apóstol Pedro pronuncia un poderoso sermón el día de Pentecostés. Explica que Jesús es el Mesías, y llama a la gente a arrepentirse y ser bautizada. La multitud está profundamente conmovida por su mensaje, y su respuesta lo demuestra: «Fue así como los que recibieron su palabra fueron bautizados, y ese día se añadieron como tres mil personas» (v. 41). Ellos fueron «añadidos» al grupo de creyentes y se convirtieron en parte de la creciente comunidad de seguidores de Cristo, compartiendo vidas de fe, adoración y generosidad.

El énfasis en este pasaje es espiritual. La palabra «almas» enfatiza a los individuos que fueron despiertos espiritualmente y unidos a Dios. Sus almas se convirtieron en parte de algo eterno, porque el alma es el lugar donde se funda nuestra relación con Dios, tanto ahora como para siempre.

Nuestra alma está profunda y espiritualmente conectada con Dios. Pero debemos comunicarnos estrecha y regularmente con Él para cumplir las tareas que nos pone por delante. Necesitamos buscar al Señor en la intimidad, en un lugar secreto, en Su Palabra, en oración.

Poniéndolo en práctica

Al igual que con las preguntas de «todo tu corazón», vuelvo a proponer analizar las mismas preguntas prácticas. Pero, nuevamente reconozcamos que estas listas son solo una referencia, no un juicio. No están destinadas a que te juzgues a ti mismo y te sientas culpable, o a que emitas un juicio y causes culpa en otros. Todos somos humanos y estamos en proceso de sanidad.

¿Cómo se evidencia cuando no amas a Dios con toda tu alma?

- *Buscar la aprobación de los hombres, el placer mundano, el éxito social*

Cuando priorizamos la aprobación de los demás o priorizamos los placeres y el estatus mundanos, nuestra alma comienza a anclarse en lo pasajero en lugar de en Dios. Cuando la aprobación del mundo toma el lugar de Dios, el alma se vuelve inquieta y se desconecta de su verdadero propósito: la intimidad con Él. Cuando Dios se convierte en la fuente de nuestra identidad y dirección, fortalecemos la conexión de nuestra alma con Él.

- *Definir tu valor según una carrera, dinero, rendimiento*

Estar atado a lo bien que te desempeñas, cuánto ganas o qué título tienes, puede convertirse en una pendiente resbaladiza por donde comienzas a deslizarte. No empiezas pensando que solo vales por lo que logras, pero eso es lo que tu alma comienza a sentir. Cuando una carrera, el dinero o el rendimiento se convierte en la medida, tu alma se desprende de la verdad de que eres profundamente conocido y amado por Dios. Dios ve valor en quién eres, no en lo que puedes demostrar o producir.

- *Adorar únicamente cuando se está alegre*

Dios creó esta vida para que la transitemos a través de las estaciones, y nuestra adoración a Él debe ser constante a lo largo de ellas. Limitar la adoración a los momentos de felicidad le niega a nuestra alma la oportunidad de transformarse profundamente, una transformación que solo puede suceder cuando nos volvemos a Dios en todo momento. La devoción de nuestra alma a Él no debería ser condicional porque amar a Dios con toda nuestra alma significa elegir alabarlo en cada temporada, no porque la vida siempre sea buena, sino porque Él siempre es bueno.

- *Ignorar la guía o sabiduría divina*

Cuando ignoramos la voz de Dios, a través de Su Palabra, del Espíritu Santo o del consejo sabio, básicamente estamos diciendo que nuestra alma confía más en su propio camino que en el suyo.

Esto puede llevarnos a distanciarnos espiritualmente de Dios, mientras que buscar, recibir y responder a Su guía acerca nuestra alma a Él.

- *Enfocarte solo en tus propios valores*

Si bien tener valores personales fuertes no está mal, elevarlos por encima de la verdad de Dios, a menudo conduce al egocentrismo o incluso al compromiso equivocado. Cuando filtramos la fe a través de la opinión personal en lugar de las Escrituras, podemos aferrarnos a lo que se siente bien sobre lo que es correcto. Cuando nos rendimos, no siempre entendemos Sus caminos. Después de todo, son más altos que los nuestros. Pero al rendirnos, permitimos que el carácter de Dios dé forma a nuestros valores y envuelva nuestra alma en el proceso.

- *Vivir para ganancias temporales*

Las ganancias temporales como las posesiones, el reconocimiento o incluso la comodidad pueden hacer que perdamos de vista lo que es eterno. Pero cuando amamos a Dios con toda nuestra alma, invertimos en la verdad, el amor y las personas, siempre buscando traer gloria a Dios. Jesús nos enseñó a no almacenar tesoros en la tierra, sino en el cielo (Mateo 6:19-21), recordándonos que la condición de nuestra alma está ligada a lo que más atesoramos.

¿Cómo se ve cuando amas a Dios con toda tu alma?

- *Encontrar plenitud en Dios (no la aprobación del hombre o el placer mundano)*

Cuando amamos a Dios con toda nuestra alma, nuestra satisfacción más profunda no proviene de la aprobación de los demás o de los placeres del mundo. En cambio, experimentamos satisfacción al estar en una relación con Él. El aplauso humano se desvanece y los placeres mundanos nos decepcionan, pero nuestra alma permanece anclada en la verdad de que solo Dios satisface verdaderamente.

- *Arraigando tu valor en el amor de Dios*

Cuando reconocemos que nuestro valor está firmemente arraigado en el amor inmutable de Dios por nosotros, ya no nos sentimos obligados a buscar identidad o validación en el éxito, el estatus o el rendimiento. Aprendemos a vernos a nosotros mismos a través de Sus ojos, como elegidos, conocidos y profundamente amados, y nos libera de la agotadora necesidad de probar quiénes somos. Podemos vivir desde un lugar de confianza tranquila, en la presencia de Dios.

- *Elegir adorar en todas las temporadas*

Cuando amamos profundamente a Dios, la adoración se convierte en una práctica constante en nuestra vida, algo que elegimos en cada temporada. Ya sea que estemos celebrando o luchando, nuestra alma continúa recurriendo a Dios en alabanza, porque nuestro amor no depende de las circunstancias. Confiamos en que Él es bueno, fiel y digno de toda nuestra alabanza, pase lo que pase.

- *Aceptar Su voluntad por encima de la tuya*

Un alma que ama plenamente al Señor aprende a decir: «No se haga mi voluntad, sino la tuya». Renunciamos a nuestros deseos, sueños y planes, y confiamos en que Sus caminos son más sabios y mejores, incluso, o especialmente, cuando no coinciden con los nuestros. Este tipo de rendición refleja un alma que confía en el corazón de Dios y se inclina hacia una relación con Él en todo momento.

- *Dar prioridad a honrarlo*

Cuando Dios tiene toda nuestra alma, honrarlo se convierte en nuestra motivación más profunda. Nuestras decisiones, palabras y acciones comienzan a reflejar un deseo de darle gloria. Quizás lo más importante, es que empezamos a preocuparnos más por lo que le agrada a Él que por lo que agrada al mundo. Nuestra alma está moldeada por el anhelo de representar Su carácter y extender Su gracia.

- *Mantener una perspectiva eterna*

Amar a Dios con toda nuestra alma nos da una visión más clara de lo que realmente importa. Vivir cada día con la eternidad en mente cambia todo acerca de esta vida. Cuando podemos ver esto, nuestra alma reconoce que tiene lo que dura para siempre. Esta perspectiva eterna transforma cada aspecto de nuestra vida, y vivimos sabiendo que nuestra alma, en última instancia, pertenece a Dios.

NOTAS

CAPÍTULO 14

CON TODA TU MENTE

A medida que la brecha entre la mente y el corazón se profundizó a lo largo de los siglos, la mente pasó a ser reconocida como la fuente de la lógica, el control y la razón. Nuestro corazón, la fuente de la emoción, nos da información a la que prestar atención, y nuestra mente puede enmarcar esas emociones con verdad y racionalidad. Trabajan juntos de esta manera.

La razón por la que los humanos tienen experiencias internas es porque tenemos mentes. Cuando ves el color amarillo, pruebas una barra de chocolate o sientes una sensación de alegría, estás participando de una experiencia interna y personal. Nuestra mente es la marca definitoria de la conciencia de nuestros pensamientos, sentimientos y experiencias, nuestro sentido interior de estar vivo. La conciencia nos da un sentido de identidad a lo largo del tiempo porque recordamos experiencias pasadas. Para bien o para mal, usamos esas experiencias para crear historias que nos contamos a nosotros mismos sobre quiénes somos. Pero algunas de las historias que nos contamos no están fundamentadas en la verdad.

Pensar: «No soy lo suficientemente bueno», podría estar arraigado en un recuerdo del pasado por haber sido rechazado. Creer que «si no tengo éxito, soy un fracaso», puede venir de haber sido criado en un entorno perfeccionista. El pensamiento: «Tengo que hacer felices a todos», puede haberse colado después de estar en una relación que insinuó que «el amor se gana». La creencia de que «valgo tanto como aquello que logro» podría deberse a crecer sin tener lo necesario. La lista sigue y sigue, y es diferente para cada persona.

A veces, ni siquiera nos damos cuenta de que pensamos estas cosas o sostenemos estas creencias sobre nosotros mismos. Pero manejamos nuestra vida como si fueran verdaderas. Tal vez no andes por la vida repitiéndote: «Tengo que hacer felices a todos o nadie me amará». Pero puede que estés agotado de intentar complacer a todos haciendo por ellos hasta el máximo, porque temes que, si no lo haces, no te amen. Los actos de servicio son una hermosa y generosa bendición, pero hay una delgada línea entre la generosidad y el autodesprecio.

Dejar ir las partes del pasado que nos impiden sanar nos conmoverá el corazón, sin duda despertará algunas emociones incómodas que debemos sentir para que puedan pasar a través de nuestros cuerpos. Pero soltar nuestro pasado también implica nuestra mente, porque ahí es donde se almacenan nuestros recuerdos.

Piensa en la idea de «dejar ir» en un contexto diferente. Imagina por un momento que necesitas mudarte. Si no tienes una cantidad de dinero extra, tendrás que vender tu casa para mudarte a otra en tu nueva ubicación. Tienes que dejar ir la casa en la que vives actualmente para mudarte a la casa en la que quieres vivir. Tal vez a tu familia le haya quedado pequeña tu casa actual, y necesitas un lugar más grande. Tal vez estés buscando mudarte a un vecindario más nuevo que tenga un patio más grande. O tal vez solo quieras algo diferente, simplemente más nuevo. Así que, quieres mudarte a la nueva casa.

Pero tal vez también te estés aferrando a algo de la casa actual, y ni siquiera en un sentido nostálgico. El fregadero de la cocina pierde agua, pero te has acostumbrado a tener que mover el grifo a la izquierda para arreglarlo. Los pisos son viejos, pero sabes exactamente dónde están todos los crujidos o grietas. La puerta del dormitorio se cierra demasiado rápido, pero te olvidaste de que te dejó encerrada y te rompió el pulgar hace un par de años. Sin embargo, que te hayas acostumbrado a tu situación actual no significa que tengas que quedarte allí, ni tampoco que no la hayas superado. De cualquier manera, no puedes mudarte a lo nuevo mientras te aferras a lo viejo.

Tu mente funciona de la misma manera. Si estás rumiando sobre el pasado o reproduces recuerdos que has almacenado a lo largo de los años, no puedes hacer lugar para nuevos recuerdos, una nueva temporada, una nueva historia. Tenemos que hacer espacio en nuestra mente para que la sanidad ocurra, para que surja una nueva temporada y para que se despliegue ante nosotros un hermoso viaje.

Enfermedad mental en las Escrituras

La salud mental es importante. Punto.

Cuando hablamos de *salud mental,* estamos hablando de la salud de nuestra mente.

La Palabra de Dios no pasa por alto las condiciones, trastornos o enfermedades de la salud mental. La Escritura presenta historias que involucran episodios de salud mental y aborda de frente cómo Dios trató esos episodios. Echemos un vistazo a algunos ejemplos bíblicos de algunos de los temas de salud mental que vimos anteriormente.

Depresión: Jeremías, «el profeta llorón»

> «¿Por qué tuve que salir del vientre solo para ver problemas y aflicción y para terminar mis días en vergüenza?» (Jeremías 20:18, NVI).

Mucho después de la época de Moisés, Jeremías fue llamado por Dios para ser profeta y pasó gran parte de su vida entregando mensajes de advertencia a los israelitas, especialmente a los líderes y sacerdotes. Amaba mucho a su pueblo, pero la mayoría de las veces se negaban a prestar atención a sus advertencias, y sintió un gran dolor durante la mayor parte de su vida debido a eso. Continuó entregando fielmente los mensajes de Dios, y se lo conoce como «el profeta llorón». Los primeros diecinueve capítulos de su libro Jeremías registran su vocación, ministerio y advertencias. En el capítulo 20 fue rechazado, ridiculizado y aislado. En el versículo 18 de ese capítulo, expresó su angustia, maldijo el día en que nació y cuestionó el propósito de su vida. Esos son pensamientos y sentimientos profundos y desesperados.

Jeremías era un hombre que escuchaba a Dios con regularidad, sin embargo, Dios no respondió directamente en ese momento. En cambio, Dios le permitió a Jeremías que expresara su sincera emoción y sus pensamientos más profundos. Luego, Dios continuó caminando con Él a través de esos pensamientos y sentimientos. Al observar toda la historia de Jeremías, podemos ver cómo Dios se preocupaba constantemente por él. Las Escrituras nos muestran que incluso los sirvientes más fieles lucharon contra la depresión, y no se avergüenzan de contárnoslo.

Suicidio: Elías

> «Se sentó a descansar debajo de un enebro. Con deseos de morirse, exclamó: "Señor, ¡ya no puedo más! ¡Quítame la vida, pues no soy mejor que mis antepasados!"» (1 Reyes 19:4).

En el capítulo 18 de 1 Reyes, el profeta Elías experimentó una gran victoria. Tuvo una batalla espiritual contra cuatrocientos cincuenta falsos profetas, y Dios respondió su oración al enviar fuego desde el cielo como evidencia de que Él es el único Dios verdadero. Cuando la reina Jezabel se enteró de esto, inmediatamente prometió matarlo, así que Elías se fue, corrió hacia el desierto, y su desánimo lo alcanzó. Pensó que era el único fiel que quedaba (19:10), por lo que creía que sus esfuerzos habían sido en vano. Tal vez incluso pensó en sí mismo como un fracaso. Estaba decepcionado (herido), asustado de la persecución (miedo) y dolido por la falta de arrepentimiento de la reina (tristeza). Entonces, Elías, profeta del Señor, se sentó bajo un árbol y oró pidiendo morir.

Como contamos anteriormente, Dios envió un ángel para cuidar de Elías, y reanimarlo. Entonces, Dios mismo le dijo a Elías que no estaba solo, que siete mil personas más no se habían inclinado ante el falso dios. Le aseguró a Elías que no era el único fiel. Dios le habló suavemente, diciéndole que no estaba solo y le dio un propósito renovado.

Ansiedad: David

> «Mi corazón late en el pecho con fuerza; me asalta el terror de la muerte. El miedo y el temblor me abruman, y no puedo dejar de temblar» (Salmo 55:4-5, NTV).

David siempre fue de los que expresaban abiertamente sus pensamientos y sentimientos, por esa razón recurro tan a menudo a los salmos. En el Salmo 55, David se sentía abrumado por sentimientos de miedo y de angustia porque fue traicionado. No sabemos con exactitud quién lo traicionó, pero sabemos lo suficiente como para discernir que era un amigo cercano, un asesor o incluso su hijo Absalón. David dejó registrados sus sentimientos de confusión interior y enfatizó su miedo a la muerte. Y no era un temor infundado: el rey Saúl había intentado matarlo, fue un guerrero, fue traicionado por los suyos y su propio hijo encabezó una rebelión contra él.

Dios respondió a la ansiedad de David escuchando su oración y dándole fuerzas para continuar. En el versículo 22, David expresa su confianza en Dios: «Entrégale tus cargas al Señor, y él cuidará de ti; no permitirá que los justos tropiecen y caigan». Al mismo tiempo, David confía en que Dios lo liberará y defenderá a aquellos que permanecen fieles.

Dolor: Job

> «¿Por qué no perecí al nacer y morí como venía del útero?» (Job 3:11, NTV).

Al comienzo del libro, Job pierde su riqueza, sus hijos y su salud, todo en rápida sucesión. Inicialmente responde con adoración y contentamiento, pero en el capítulo 3, su sufrimiento lo desborda. Job desearía haber muerto al nacer para evitar el dolor que estaba soportando. Estaba en medio del duelo y anhelaba alivio.

En los capítulos del 38 al 41, Dios le habló a Job desde un torbellino, sin embargo, no respondió sus preguntas sobre su sufrimiento. En cambio, le recordó su sabiduría y control. Dios cambió el enfoque de Job hacia Su propia soberanía y la inmensidad de Sus propósitos. Al final, Dios afirmó la honestidad de Job, restauró su salud y fortuna, y lo bendijo aún más que antes. Dios muestra que, aunque no te dé respuestas directas en esta vida, siempre será sabio, justo y permanecerá en control.

Estrés: Pablo

> «Y como si fuera poco, cada día pesa sobre mí la preocupación por todas las iglesias» (2 Corintios 11:28, NVI).

Pablo dirige sus cartas de 1 y 2 Corintios a la iglesia en Corinto. En 2 Corintios 11, está defendiendo su ministerio contra las personas que lo estaban desafiando. Para ese momento, Pablo ya había soportado muchas dificultades en el ministerio: fue azotado, encarcelado, pasó hambre, sobrevivió a un naufragio y fue sometido a múltiples peligros. Más allá del riesgo físico, llevaba una preocupación espiritual por los creyentes. En el versículo 28, expresa una seria preocupación: estaba estresado por la responsabilidad espiritual que siente por ellos.

Dios no se precipita en decirle a Pablo: «Olvida el llamado que te hice». Ni le quita el sufrimiento. Pero Dios proporciona lo que Pablo necesita para soportarlo. En el siguiente capítulo, Dios le dijo: «Te basta con mi gracia, pues mi poder se perfecciona en la debilidad» (2 Corintios 12:9, NVI). Dios se encontró con Pablo en sus luchas y lo capacitó a través de ellas. Le dio fuerza, sabiduría y perseverancia y le mostró que llevará a Sus siervos fieles a través del sufrimiento, las pruebas y las luchas.

Cuando estas figuras bíblicas clamaron a Dios en su angustia, Él no siempre respondió de inmediato, pero los encontró en su dolor y les ofreció fortaleza. Lo mismo ocurrió con el Hijo de Dios, Jesús.

La noche antes de Su crucifixión, Jesús fue al Getsemaní a orar, sabiendo el sufrimiento que estaba a punto de soportar. Se arrodilló para orar, y Lucas en el Evangelio lo registró de esta manera: «Padre, si quieres, pasa de mí esta copa», haciendo Su petición, pero finalmente concluye: «Pero no se haga mi voluntad, sino la tuya» (22:42, RVR1960), deseando la voluntad de Dios sobre la suya. Jesús estaba profundamente angustiado. Él continuó orando, y las Escrituras registran el estado de su mente con pura honestidad: «Y estando en agonía, oraba más intensamente; y era su sudor como grandes gotas de sangre que caían hasta la tierra» (v. 44).

El fenómeno de la sudoración de sangre en realidad ha sido reconocido en el mundo médico como una enfermedad rara llamada hematidrosis o hematohidrosis. Ocurre cuando las personas están en profunda ansiedad, miedo o estrés excesivo, aunque no están físicamente heridas.[59] El cuerpo reacciona al elemento psicológico del miedo y la ansiedad impulsada por el terror al sobrecargar la respuesta del estrés de lucha o huida. Esto ejerce una tremenda presión sobre los pequeños vasos sanguíneos que operan las glándulas sudoríparas, haciendo que se rompan y que la sangre se derrame en los poros y cause sudor sanguinolento.

Jesús sabía el verdadero terror y dolor que tendría que vivir yendo a la cruz. Sí, puso Su cuerpo bajo una tremenda tensión. Aun así, eligió continuar con el plan de salvación. Este momento reveló tanto Su verdadera humanidad: miedo, dolor y angustia, como Su disposición de sufrir por amor al mundo.

Dios respondió, pero como a otras figuras bíblicas, no respondió a la petición de Jesús quitando «la copa». En cambio, le dio a Jesús la fuerza para soportar, no para escapar: «Y se le apareció un ángel del cielo para fortalecerle» (v. 43). La presencia de Dios estaba con Jesús en medio de Su angustia. Este es un patrón a lo largo de la Biblia: quizá Dios no quite la prueba, pero provee el apoyo y la fuerza necesarios para afrontarla con fidelidad.

---

59. Octavius, G. S., Meliani, F., Heriyanto, R. S., & Yanto, T. A. (2023). Systematic review of hematidrosis: Time for clinicians to recognize this entity. *World Journal of Dermatology, 11*(2), 7-29. https://doi.org/10.5314/wjd.v11.i2.7

Apoyo mental

En 1667, John Milton publicó *El paraíso perdido*, un recuento de la historia bíblica de Adán y Eva en el Jardín del Edén. Una de las líneas más famosas del poema aparece poco después de que Satanás fue expulsado del cielo al infierno, y dice: «La mente es su propio lugar y, en sí misma, puede hacer del infierno un cielo y del cielo un infierno».[60] Aquí, las líneas de Satanás son un reflejo del funcionamiento interno de su voluntad, su creencia de que puede controlar su sufrimiento, usando su mente. A través de su representación dramatizada de Satanás, Milton destaca el orgullo en el intento de Satanás de controlar y, por el contrario, el poder de la soberanía de Dios.

Ninguno de nosotros tiene ese poder, el de escapar del sufrimiento solo pensando. Podemos tomar medidas para sanar nuestra mente, pasos en el camino hacia la salud mental y la curación, pero también debemos ir continuamente a Dios en busca de apoyo a lo largo de ese viaje. Este es especialmente el caso cuando se nos da más de lo que creemos que podemos soportar, lo que, en algún momento, probablemente hayas escuchado que no será el caso. El dicho: «Dios no te dará más de lo que puedas soportar», en realidad no es bíblico. (A menudo se confunde con la declaración de las Escrituras de que nunca seremos *tentados* más allá de lo que podamos soportar en 1 Corintios 10:13).

Pablo escribió en 2 Corintios que estaba «tan agobiados bajo tanta presión que hasta perdimos la esperanza de salir con vida» (1:8, NVI). Incluso el apóstol Pablo llegó a un punto de desesperación por la vida, de llevar más de lo que podía. Pero Pablo se dio cuenta del punto: «Pero eso sucedió para que no confiáramos en

60. Milton, J. (2005). *Paradise lost.* (G. Teskey, Ed.). Blackwell Publishing. (Obra original publicada en 1667).

nosotros mismos, sino en Dios, que resucita a los muertos» (v. 9). Pablo se dio cuenta de que esto le estaba enseñando a confiar en Dios *y* en la ayuda de otros creyentes (v. 11).

Como Pablo, cuando experimentamos más de lo que podemos soportar por nuestra cuenta, podemos confiar en Dios para que sea nuestra ayuda siempre presente y en quienes Él ha puesto a nuestro alrededor como fuente de fortaleza. Dios creó una comunidad para fortalecernos y ayudarnos: «Ya no voy a estar por más tiempo en el mundo, pero ellos están todavía en el mundo y yo vuelvo a ti. "Padre santo, protégelos con el poder de tu nombre, el nombre que me diste, para que sean uno, lo mismo que nosotros"» (Juan 17:11, NVI).

Cuando hayas intentado sanar tu mente sin obtener resultados, busca ayuda. Ve a Dios, ve a tu comunidad. Apóyate en aquellos con quienes Él te bendijo para ayudarte.

Poniéndolo en práctica

Al igual que con las preguntas de «todo tu corazón» y «toda tu alma», aquí también estoy proporcionando las mismas preguntas prácticas. Pero, nuevamente, reconozcamos que estas listas son solo una referencia, no un juicio. No están destinados a que te juzgues a ti mismo y te sientas culpable, o a que emitas un juicio y causes culpa en otros. Todos somos humanos y estamos en proceso de sanidad.

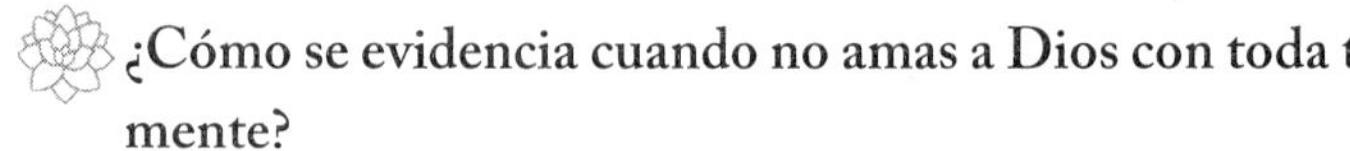

¿Cómo se evidencia cuando no amas a Dios con toda tu mente?

- *Pensando en las influencias culturales*

Cuando nuestros pensamientos están moldeados más por la cultura que por Cristo, nuestros valores y decisiones comienzan a reflejar la opinión popular en lugar de la verdad bíblica. Puedes preocuparte más por las tendencias, la imagen o el éxito que por la santidad, la humildad o el servicio. Si permitimos que las voces culturales se cuelen, comenzamos a definir nuestra identidad, valor y visión del mundo por esas voces en lugar de las de Dios. Este desvío puede ser sutil, pero con el tiempo, conduce a una mente que prioriza lo que es temporal por encima de lo eterno.

- *Agonizando por la aprobación de los demás*

Amoldarnos a las expectativas de otros es producto de centrarnos en su aprobación. Cuando dejamos de buscar lo que agrada a Dios para buscar lo que agrada a la gente, quedamos consumidos por las opiniones de los demás, por ejemplo, vivir por la cantidad de «me gusta» o vistas que puedes obtener en las plataformas de redes sociales, en lugar de vivir por la voluntad de Dios para tu vida. Básicamente socava la libertad que proviene del amor de Jesús por nosotros. Esto hace que amar plenamente a Dios con una mente clara e indivisa sea casi imposible.

- *Obsesionarse con el control*

Cuando estamos obsesionados con el control, revelamos una falta de confianza en la soberanía de Dios. La planificación excesiva para gestionar los resultados y la preocupación constante saturan nuestros pensamientos, cuando en realidad, solo Dios tiene el control. Vives en tensión mental, tratando de mantener unida cada parte de la vida en lugar de descansar en el tiempo y la sabiduría de Dios, reconociéndolo como el Señor de tu vida. Muchas veces, la obsesión por tener el control de todo va de la mano con la falta de descanso y confianza en Dios que discutimos en el capítulo siete.

- *Fijarse en las preocupaciones y los miedos*

Algunas preocupaciones o miedos son una parte natural de la vida, pero cuando dominan tus pensamientos, tu mente se convierte en un campo de batalla. En lugar de anclar tus pensamientos en las promesas de Dios, revisas tus miedos, repasas tus miedos, permitiendo que crezcan y paralicen la fe. Fijarte en el miedo te aleja de la paz que Dios ofrece y hace que sea difícil escuchar Su voz a través del ruido. Esto es cuestión de confiar en Su bondad, provisión y control.

- *Rumiando sobre rencores e insultos*

Aferrarse a los rencores y ensayar los insultos del pasado atrapa tu mente en ciclos de amargura y falta de perdón. Centrarnos en las heridas nos impide permitirnos meditar libremente en la gracia de Dios. Este estado mental puede envenenar tus relaciones y bloquear tu capacidad de reflejar la misericordia y el amor de Dios. Rumiar la ofensa no solo mantiene las heridas frescas, sino que también distrae de crecer en compasión, humildad y paz.

- *Descuidando la comprensión bíblica*

Si no vamos a la Palabra de Dios y recordamos su verdad, nuestra mente puede dejarse llevar fácilmente. Luchamos por discernir la verdad de la falsedad. Sin la influencia constante de las Escrituras, tus pensamientos están moldeados por emociones, opiniones o ideas incompletas de quién es Dios. Te quedas vulnerable, confundido e incapaz de tomar decisiones sabias. Buscar activamente conocerlo a través de Su Palabra renueva nuestro pensamiento y ayuda a dar forma a nuestra vida.

¿Cómo se ve cuando amas a Dios con toda tu mente?

- *Reflexionando sobre el carácter de Dios*

Amar a Dios con toda tu mente significa volver regularmente tus pensamientos hacia quién es Él. Él es un Dios de misericordia, justicia, poder y amor. Cuando reflexionas sobre Su carácter, te tomas un tiempo para recordar cómo lo ha mostrado en la Biblia y en tu vida. Eso te permite dar forma a tu perspectiva y respuestas de una manera piadosa, una que honre al Señor. Este tipo de enfoque mental te da una sensación de estabilidad que conduce a un derrame natural de adoración. Puedes confiar cuando los tiempos son inciertos, porque tu mente está anclada en la naturaleza inmutable de Dios. Desarrollar la capacidad de anclar tus pensamientos sobre quién es Dios, independientemente de tus circunstancias, es una habilidad que nos hace similar a tener «la mente de Cristo», como dicen las Escrituras en 1 Corintios 2:15-16 y Romanos 5:5-6.

- *Mantener una mentalidad de bondad*

Lo que piensas constantemente, en eso te conviertes. Cuanto más piensas en las bendiciones buenas y divinas, más te vuelves bueno, piadoso y bendecido. Cuando invitas a la verdad bíblica a ser parte de tus pensamientos diarios y permites que cale en tu mente, comienzas a reflejar un profundo amor por el Señor. Mantente consciente de las promesas y la sabiduría de Dios en tu vida diaria y permite que las Escrituras orienten tu enfoque. Te ayuda a ver cada situación a través de la lente de la verdad de Dios. La regla general perfecta sobre lo que debes pensar está en Filipenses 4:8: «Por lo demás, hermanos, piensen en todo lo que es verdadero, en todo lo honesto, en todo lo justo, en todo lo puro, en todo lo amable, en todo lo que es digno de alabanza; si hay en ello alguna virtud, si hay algo que admirar, piensen en ello».

- *Pedir sabiduría a Dios*

Una mente que ama a Dios busca Su guía regularmente, no solo en la crisis, sino como una forma de vida. Reconoces humildemente tus limitaciones y te diriges a Dios en oración, pidiendo claridad, discernimiento y dirección. Confías en que Su sabiduría es mejor que la tuya, y pides Su sabiduría mientras tomas decisiones. Te apoyas en la confianza que Su sabiduría facilita, todos los días.

- *Practicar la fidelidad y la confianza*

Amar a Dios con toda tu mente implica entrenar tus pensamientos para descansar en Sus promesas, incluso cuando las circunstancias no se alinean con lo que esperabas. Puedes sentir duda y miedo junto con tu fe, confiando en el control de Dios de tu vida y futuro. Tus hábitos mentales implican recordar las promesas de Dios, y tu disciplina espiritual implica permanecer alineado con la verdad de Dios. Practicas la lealtad tanto en el pensamiento como en la acción, incluso cuando es difícil.

- *Enfocarse en honrar a Dios*

Casi siempre te preguntas: ¿Esto glorificará al Señor? Esa pregunta sirve como filtro para tus pensamientos, que informan tus acciones. Consideras cómo tus elecciones, palabras y prioridades muestran la presencia de Dios en tu vida. Este enfoque intencional te lleva a pensar con propósito y humildad, y no te dejas llevar por la tentación de complacer a la gente en lugar de a Dios. Él es tu prioridad número uno, el objetivo central de tu pensamiento, no solo los domingos, sino en los detalles de la vida cotidiana.

- *Estudiar y meditar en la Palabra de Dios*

Amar a Dios con toda tu mente incluye el hambre de conocerlo más profundamente a través de las Escrituras. Te acercas a la Biblia no solo para conocer, sino para entender a Dios por completo y alinear tu vida con Su voluntad. Reservas tiempo para estudiar, reflexionar y aplicar Su Palabra, permitiéndole transformar la forma en que piensas y vives. Además, más allá de solo leer y estudiar, la práctica de la meditación es la que arraiga la Palabra en nuestra mente. La meditación bíblica es contemplar, reflexionar e interiorizar profundamente las verdades y los temas de las Escrituras. Es una forma enfocada e intencional de comprometerse con la Palabra de Dios, permitiéndole empapar el corazón y la mente. No es un vaciado de la mente, como con otros tipos de prácticas de meditación, sino que es un relleno de la mente con la verdad de Dios.[61] La meditación se convierte en una disciplina espiritual que moldea tu mentalidad y le da perspectiva. Esta búsqueda de la verdad también moldea tus convicciones, fortalece tu fe y profundiza tu amor por Dios a medida que Él se revela a través de Su Palabra.

---

61. Bible Hub, Meditation. https://biblehub.com/topical/m/meditation.htm#:~:text=Definition%20and%20Context,the%20mind%20with%20God's%20truth.

NOTAS

CAPÍTULO 15

CON TODAS TUS FUERZAS

Antes de empezar a entrenar para un 5k, había empezado a sentir que estaba volviendo a un período de declive emocional, como si estuviera a punto de dar un giro en el desierto. Estaba experimentando altos niveles de ansiedad y sintiendo esta omnipresente sensación de tristeza instalarse de nuevo en mi corazón. Mi cuerpo estaba pidiendo, anhelando en realidad, una salida para soltar todo el estrés que estaba aguantando. Había estado albergando y aferrándome a todo mi dolor, en lugar de prestarle atención y curarlo. Descubrí que correr era una forma de liberar físicamente el estrés al luchar con mi agitación interior, con el objetivo de vencerla.

Meditar y orar mientras corría les dio a todas las áreas de mi vida una sensación totalmente diferente. Para mí, si solo hubiera estado haciendo ejercicio para ponerme en forma, no sé si alguna vez hubiera comprendido su beneficio espiritual. Eso se me habría escapado. Pero descubrí que si me tomaba ese tiempo para conectarme con Dios mientras hacía ejercicio, podía someter mi carne y hacerlo en el nombre de Jesús. Es similar al ayuno porque estoy sometiendo mi carne. Cuando corro, puedo meditar en Su Palabra y en todas las promesas que Él me ha dado y que aún no se han cumplido, mientras que, al mismo tiempo, estoy avanzando físicamente. Puedo visualizar el futuro, un paso a la vez.

Me di cuenta de que el paralelo con mi vida espiritual, incluida su sanidad, es muy parecido al de una carrera física. Al principio, todo fue emocionante. Estaba entrando en un nuevo deporte, poniéndome mi ropa para correr y atando mis zapatillas de tenis, y también estaba entrando en un nuevo viaje de sanidad, preparándome para una nueva temporada. Entonces se puso difícil. Me enfrenté a colinas, luché con calambres musculares y estiré mi resistencia. Simultáneamente, me enfrenté al dolor, luché con valentía y estiré mi capacidad para avanzar. A veces, no quería continuar.

Pero con el progreso, siempre hay una gran razón para celebrar cualquier victoria, tanto con la sanidad como con la carrera. Cuando cruzas la línea de meta, de una carrera o un desierto, puedes celebrar. ¡Qué logros son esos, y cuántas bendiciones fluyen de ambos! Eso ha sido inmensamente cierto en mi vida.

Mueve tu cuerpo

Nuestro cuerpo es el vehículo en el que viajan nuestro corazón, alma y mente. La palabra clave es viajar. Fuimos creados para el movimiento. De lo contrario, Dios podría habernos hecho plantas. Fuimos creados para pasar a la acción. El texto de Efesios 2:10 dice: «Porque somos hechura de Dios, creados en Cristo Jesús para buenas obras, las cuales Dios dispuso de antemano a fin de que las pongamos en práctica» (NVI).

El estancamiento, ya sea inactividad física o comportamiento sedentario prolongado, puede descomponer gradualmente nuestro cuerpo. Sin ningún orden en particular, esto es lo que sucede cuando no tenemos movimiento regular. Primero, nuestros músculos se debilitan y se atrofian, las articulaciones se endurecen y los tejidos pierden su elasticidad. Eso hace que la movilidad sea más difícil, pero también nos hace más susceptibles a las lesiones. En segundo lugar, nuestro sistema circulatorio se ralentiza. El oxígeno y los nutrientes no pueden llegar a nuestras células de manera tan eficiente, lo que hace que las toxinas se acumulen. Esas toxinas pueden causarnos inflamación grave y dolor físico. A continuación, nuestro corazón y pulmones se vuelven menos eficientes, por lo que perdemos resistencia incluso en las actividades diarias, y nuestra salud cardiovascular se desploma. Entonces, nuestro cerebro incluso se ve afectado. Cuando no nos movemos, nuestro flujo sanguíneo disminuye, y con él, también la actividad neuroquímica en nuestro cerebro.

Cuando nuestro cuerpo no está activo, nuestro cerebro no obtiene lo que necesita para funcionar de la mejor manera posible. Probablemente ya hayas imaginado la escritura en la pared aquí: esto conduce a un estado de ánimo más bajo y, lo adivinaste, a un mayor riesgo de ansiedad y depresión. Por lo tanto, el ejercicio no solo es beneficioso para nuestro físico; también tiene un impacto positivo en la mente.

Correr tiene una gran cantidad de beneficios más allá de nuestra salud física, y la investigación médica y los médicos han demostrado que esto es cierto. Así que no es una coincidencia que el tema de la depresión y la ansiedad aparezca en multitudes de conversaciones que tengo con la gente cuando hablamos de correr.

Un día, durante el tiempo en que florecía en mi recién hallada alegría por correr, compartí con mi amiga Christy Muller, también autora y consejera pastoral licenciada con especialización en neurociencia, que había estado sintiendo como si mi mente estuviera cambiando desde que empecé a correr. (No en el sentido de que estaba cambiando de opinión sobre qué color de blusa quería usar ese día, sino en el sentido de que algo estaba cambiando en mi mente). Le dije que podía pasar a una mentalidad positiva con mucha más facilidad, regular mis emociones de manera más consistente y mantener una capacidad de atención más enfocada. Confesé que incluso deseaba comer alimentos más saludables.

Ella compartió algo a cambio que me dejó sorprendida: la actividad física regular, específicamente correr, aumenta la neuroplasticidad (la formación de nuevas conexiones en el cerebro) y promueve la neurogénesis (el nacimiento de nuevas células cerebrales). Y sucede mientras estamos corriendo. ¡Eso significaba que estaba literalmente reconfigurando mi cerebro con cada paso! Agregar la meditación en el Señor y Su Palabra a la mezcla de esa actividad maravillosa en mi cerebro, realmente me estaba transformando.

Me había propuesto patear en la cara a mi depresión y ansiedad, hablando en sentido figurado. Resulta que estaba trabajando literalmente en sacarlas a ambas de mi cerebro.

Ama tu cuerpo

Amar tu cuerpo no solo significa ser feliz con tu apariencia física. Significa respetarlo y cuidarlo, sin duras críticas o juicios. Significa reconocer el valor de tu cuerpo y apreciar lo que puede hacer: moverse, respirar, sentir, sanar. Amar tu cuerpo implica tratarlo amablemente con comida nutritiva, mucho descanso y movimiento físico. Se trata de estar agradecido por el cuerpo en el que viajas.

Cuando empecé a correr de manera constante, no estaba entrenando para perder peso, pero eso fue un beneficio secundario. Perdí nueve kilos rápidamente, pero no porque estuviera persiguiendo un número. No quería ser «la flaca Christine». (Francamente, estaba bastante feliz de ser «la rellenita Christine»). Quería ser «Christine en su mejor momento».

De todos modos, nunca he entendido realmente por qué la forma de nuestros cuerpos importa tanto. ¿Quién decidió cómo se ve lo «saludable»? El porcentaje de grasa corporal no tiene nada que ver con la salud de una persona, y el peso realmente no tiene nada que ver con la salud. Sí, hay condiciones que pueden empeorar con malas elecciones de dieta, como comer demasiado colesterol o grasa (aunque ese es un tema diferente). Pero conozco a muchas personas delgadas que están sufriendo por dentro, sobre todo debido a condiciones médicas o altos niveles de estrés. En años más recientes, a medida que mi cuerpo envejece, mi peso ha fluctuado de vez en cuando. Pude identificar al culpable como hormonas, estrés de gira, el malabarismo de ser madre, esposa y jefe de muchos esfuerzos a la vez, o un conjunto de otras cosas llamadas vida. Pero sin importar el número en la balanza, es mi responsabilidad hacer lo mejor para amar mi cuerpo, entendiendo que no importa lo grande o pequeño que parezca, sigo siendo una hija querida del Dios Altísimo.

El único cuerpo del que eres responsable es el que ves en el espejo. Señalar con el dedo a alguien por cómo luce su cuerpo, o porque se ve diferente al tuyo, no es bíblico. Un mensaje de verdad en amor: no debemos juzgar ni condenar a las personas por cómo lucen sus cuerpos. Puede que no conozcas el viaje que ha dado forma al cuerpo de alguien, el cual simplemente puede verse diferente de los estándares poco realistas que a menudo son retratados en los medios de comunicación. Podrían tener problemas de tiroides, alergias alimentarias, desequilibrios hormonales o una preocupación médica diferente que afecte su peso, ninguno de los cuales es un asunto público, ni debería serlo. Nadie, absolutamente nadie, está en condiciones de juzgar o murmurar sobre la apariencia externa de alguien.

La industria de la belleza y el mercado de bikinis destruyen a la gente. Crean un daño psicológico que duele más de lo que ayuda. Lamentablemente, esto ha hecho que sea casi imposible que la gente ame sus cuerpos, sobre todo porque hemos perdido el verdadero significado de «ama tu cuerpo». Complicada por las redes sociales, la perfección se ha convertido en el valor más alto de hoy en día, dejando la inseguridad a su paso y causando estragos en casi todo el mundo de una forma u otra.

Una de las consecuencias ha sido un grave aumento en la dismorfia corporal, que es cuando alguien se preocupa «con un defecto físico imaginario o leve del cuerpo hasta el punto de causar estrés significativo o una alteración de la conducta en varias áreas».[62] Pueden pensar que su nariz es demasiado pequeña, su piel demasiado imperfecta, su físico demasiado grande o su cabello demasiado fino. Para ellos, es un defecto importante en la apariencia, pero nadie más lo ve de esa manera. En su esencia, la dismorfia corporal es una perspectiva distorsionada de uno mismo.

Esto puede parecer un asunto menor, pero puede causar una gran angustia en la vida de alguien. Puede comenzar evitando los eventos sociales, pero puede conducir a la ansiedad y la depresión, al igual que a la vergüenza corporal, otro bloqueador importante para amar tu cuerpo. La vergüenza corporal es «el acto o la práctica de someter a alguien a críticas o burlas por supuestas faltas o imperfecciones corporales». Decirle a alguien: «Serías mucho más guapa si perdieras peso», es una humillación, pero también implica que su valor está ligado al tamaño de su cuerpo. Esto es perjudicial para la salud mental de cualquiera.

Me gusta imaginar cómo Jesús hablaría con las personas que se encargan de criticar libremente la apariencia corporal de los demás. Si tuviéramos que parafrasear el texto de la Escritura, «no juzgar» en Mateo 7:1-5 y lo aplicáramos a la vergüenza corporal, probablemente diría algo como: «No juzgues a los demás, y Dios no te juzgará a ti. Si juzgas a los demás, serás juzgado de la misma manera que los juzgas a ellos. Dios te tratará de la misma forma en que tratas a los demás. ¿Por qué notas los kilos de más,

62. Merriam-Webster. (s. f.). *Body dysmorphia*. En *Merriam-Webster.com medical dictionary*. https://www.merriam-webster.com/medical/body-dysmorphia. Último acceso: 15 de julio de 2025.

la diferente forma del cuerpo, el tono de piel distinto o las imperfecciones únicas que tiene tu amigo, pero no notas las muchas imperfecciones sobre tu propio cuerpo, corazón, mente o alma? ¿Por qué le dices a tu amigo: "Déjame decirte lo que necesitas cambiar"? ¡Mírate a ti mismo primero! Todavía tienes todas esas cosas imperfectas que arreglar en ti mismo. ¡Eres un hipócrita! Primero, saca la viga de tu propio ojo. Entonces verás claramente para quitar el polvo del ojo de tu amigo». Este texto adquiere un significado completamente nuevo cuando lo aplicamos al lenguaje de nuestras formas modernas de juzgar, ¿verdad?

Amar tu cuerpo cuidándolo y apreciándolo es un ejemplo de cómo la salud de una parte del yo puede influir en otra. Si estamos meditando en las verdades de las Escrituras, entonces detenerse en las influencias culturales se vuelve menos tentador, al igual que la aprobación de los demás. Esto no minimiza el impacto negativo que la influencia cultural puede tener en nuestra autoimagen. Y no preocuparse en absoluto por la aprobación de los demás no sucederá de la noche a la mañana. Sin embargo, meditar en las Escrituras ciertamente nos ayuda a replantear cómo pensamos, incluido lo que pensamos de nosotros mismos.

Las Escrituras enseñan que el cuerpo es valioso, creado por Dios y digno de respeto y cuidado. El capítulo 6 de 1 Corintios nos recuerda que debemos cuidar de nuestro ser físico: «su cuerpo es el templo del Espíritu Santo [...] Por lo tanto, honren a Dios con su cuerpo» (v. 19-20, NTV). En Efesios 5 reitera el mismo mensaje, animándonos a cuidar nuestros cuerpos: «Nadie odia su propio cuerpo, sino que lo alimenta y lo cuida tal como Cristo lo hace por la iglesia» (v. 29, NTV). Amar tu cuerpo es un acto de honrar a Dios a través de cómo lo cuidas.

El Salmo 139 nos da quizás la imagen más clara de la atención cuidadosa y los detalles intrincados que Dios puso en la creación de nuestro ser físico único e individual. David escribe: «Tú creaste las delicadas partes internas de mi cuerpo y me entretejiste en el vientre de mi madre. ¡Gracias por hacerme tan maravillosamente complejo! Tu fino trabajo es maravilloso, lo sé muy bien. Tú me observabas mientras iba cobrando forma en secreto, mientras se entretejían mis partes en la oscuridad de la matriz. Me viste antes de que naciera. Cada día de mi vida estaba registrado en tu libro. Cada momento fue diseñado antes de que un solo día pasara» (vv. 13-16, NTV). Intencional y detalladamente, Dios creó a cada persona. Nuestros cuerpos y vidas son reflejos de la artesanía divina. El concepto de amar nuestro cuerpo está arraigado en la verdad de que estamos maravillosamente hechos por un Creador amoroso.

Alimenta tu cuerpo

Hace unos años, descubrí que era alérgica al gluten y al maíz, otra cosa que no sabía durante mucho tiempo. Simplemente no tenía ni idea.

Cuando descubrí mi alergia al gluten, también descubrí una alergia severa al maíz junto con ella. Tenía reacciones adversas al gluten: hinchazón, problemas digestivos y una condición de dermatitis herpetiforme, que es exclusiva de personas genéticamente incompatibles con el gluten. Se presenta como forúnculos dolorosos, con picazón, similares a microquemaduras que tardan más de un mes en sanar. Y se volvió mucho, mucho peor para mí cuando comía algo con maíz. (Te ahorraré los detalles intestinales).

Sin embargo, recientemente hubo una actualización en mi alergia al gluten. Comenzó durante el almuerzo en la primera cruzada en Italia de Franklin Graham y la Asociación Evangélica

Billy Graham. Me senté junto a la señora que había estado sirviendo como traductora de italiano en el área del comedor, con mi pequeña caja de pasta sin gluten y maíz. (¡Ya lo sé, en Italia!). Ella preguntó sobre la clase de pasta que estaba comiendo y le hablé de mi alergia al gluten. Lo siguiente que supe fue que estábamos discutiendo cómo Dios se mueve en la Tierra. Podíamos sentir Su presencia en medio de nuestra conversación justo allí en nuestro pequeño rincón de la mesa. Cuando me preguntó si podía orar por mí, me dispuse a orar sin dudarlo.

Cuando ella comenzó a orar, nos tomamos de la mano y sentimos el abrazo de la presencia de Dios sobre nosotras. Y su oración me hizo llorar. Ella agradeció al Señor y lo alabó por la bendición que creía que yo era para las naciones en el nombre de Dios. Ella oró por mi familia y por mi labor en las cosas del Señor. Luego, cuando se acercaba al final de su oración, dijo estas palabras que se sentían como una manta cálida sobre mi alma: «Señor, ¿podrías, por favor, sanarla de esta alergia al gluten para que ella también pueda ver tu bondad cada día, incluso al disfrutar libremente de la comida que se le sirve cuando está ministrándote en su viaje? Te pedimos, por favor, en el nombre de Jesús. Amén».

Ciertamente, esa simple oración me trajo sanidad. Pero primero, sanó mi mentalidad de una manera que no sabía que la necesitaba. Antes de ese momento, había aceptado y me había resignado a saber que siempre tendría esta alergia, la proverbial espina en mi costado. Pero había olvidado que, como hija de Dios, se me permite venir a Su trono y pedir sanidad. Mi amigo en Italia me ayudó a recordar eso. Esa noche comí mi primera pizza napolitana en la ciudad donde se inventó. Y no he experimentado ningún síntoma desde entonces.[63]

63. Años de seguir una dieta sin gluten me enseñó los beneficios de evitar los alimentos inflamatorios, por lo que todavía sigo una dieta casi libre de gluten e intento mantenerlo fuera de mi alimentación.

En cierto sentido, compartir esto es complicado porque sé que puedes estar orando por la sanidad de una dolencia o alergia en particular que aún no has experimentado. Pero no estoy presumiendo de mí misma; estoy alabando al gran Dios al que sirvo (1 Corintios 1:31; 2 Corintios 10:17). Después de todo, has leído mi historia. Tú conoces mis dificultades. Mi vida no ha sido una serie de paseos fáciles en cada parque todos los días. Pero Dios siempre ha estado a mi lado, en cada parque, en cada paseo, todos los días. Compartiré sobre las veces que Dios me ha dado fuerza cuando no me concedió sanidad inmediata, y compartiré sobre los momentos en que Dios, en Su gracia, eligió sanarme. En lo bueno y en lo malo, le doy toda gloria a Él, cuyos caminos son más altos que los míos. Siempre declararé la bondad de Dios, porque Él es bueno.

Todavía me aferro a la esperanza de que algún día seré sana de la alergia al maíz, si Dios quiere. Sé que Él puede hacerlo, y oro para que así sea.

No es ningún secreto que la nutrición equilibrada juega un papel vital en el bienestar físico y mental. Incluso hay una conexión directa entre una microbiota intestinal sana (las bacterias buenas en el tracto digestivo) y un cerebro sano. ¿Recuerdas el eje HHA del capítulo tres? Mencioné que ayuda a controlar tu estado de ánimo, sistema inmunológico, niveles de energía e incluso digestión. La actividad física añade un tercer beneficio porque afecta positivamente a tu microbiota y, a su vez, afecta positivamente a tu cerebro.[64]

Es totalmente posible cambiar los efectos físicos y mentales negativos que provienen de la mala nutrición por otros positivos. La planificación de comidas, por ejemplo, me ha ayudado a tomar decisiones más intencionales y nutritivas. Se necesita

64. Kang, P., & Wang, A. Z. (2024). Microbiota-gut-brain axis: The mediator of exercise and brain health. *Frontiers in Neurology, 15,* 1386180. https://pmc.ncbi.nlm.nih.gov/articles/PMC11096970/

un poco más de trabajo al inicio, pero vale la pena durante la semana, en términos de tiempo y beneficios. Cuando planifico mis comidas, normalmente no termino pasando por una cadena de comidas rápidas porque estoy en un aprieto. (¡A veces ni siquiera tienen tenedores!). Y debo aclarar: esto es algo que todavía estoy aprendiendo. Puede desordenarse bastante durante las intensas temporadas de giras.

Algunos alimentos son conocidos por beneficiar la salud cerebral: bayas, verduras de hoja verde, pescado y nueces. Si comienzas a incorporar regularmente ese tipo de alimentos a tu dieta, en realidad puedes ver una inclinación en tu capacidad para concentrarte a lo largo del día. Si quieres ser realmente intencional, puedes llevar un diario de alimentos para planificar tus comidas y hacer un seguimiento de lo que comes. De nuevo, esto no es para fines de pérdida de peso. Si escribes, por ejemplo, que el martes por la noche a las 6:00 p.m. comiste pasta, y dos horas después notas que te duele el estómago, eso es algo a tener en cuenta. Si esa incomodidad se convierte en un patrón, podrías investigar más sobre las sensibilidades, como la forma en que el gluten puede estar afectando tu cuerpo. Si revisas tu diario de alimentos y observas que cada vez que tienes acidez estomacal has comido pizza o salsa marinara, entonces sabrás que los alimentos a base de tomate pueden no ser la mejor opción.

Los suplementos también son algo a considerar, ya que la calidad nutricional de nuestros alimentos hoy en día ha disminuido significativamente en los últimos sesenta años.[65] Recomiendo hablar de esto con tu profesional de la salud y establecer una rutina de suplementos. Yo tomo suplementos diariamente y he notado

65. Bhardwaj, R. L., Parashar, A., Parewa, H. P., & Vyas, L. (2024). An alarming decline in the nutritional quality of foods: The biggest challenge for future generations' health. *Frontiers in Nutrition, 11,* 1333779. https://pmc.ncbi.nlm.nih.gov/articles/PMC10969708/https://pmc.ncbi.nlm.nih.gov/articles/PMC10969708/

un cambio positivo en mi salud general, ya que mi cuerpo tiene los nutrientes que necesita. ¡Utilizo suplementos adaptógenos de *Vital Health* y no puedo alabarlos lo suficiente![66] Todo lo que tomo es para mantener los sistemas de mi cuerpo bien apoyados, incluyendo multivitaminas de alta absorción con probióticos (buenas bacterias intestinales), prebióticos (alimento para esos buenos amigos de bacterias intestinales), aminoácidos, suplementos de superalimentos, nootrópicos naturales (para ayudar a la función cerebral) y el mejor colágeno (para ayudar a que mi piel se mantenga saludable, especialmente al sol). (Dato curioso: el aceite de coco también funciona como protección solar para mí. Cuando usaba protectores solares comprados en la tienda, siempre me quemaba, me ponía roja como un camarón durante tres o cuatro días, luego me pelaba. El aceite de coco me permite obtener un buen bronceado y evita que mi piel se dañe por la exposición al sol. Añade un poco de protector solar mineral como el óxido de zinc, ¡y tienes algunos ingredientes geniales para el protector solar natural no tóxico!).

¡Cuanto más nutres tu cuerpo de adentro hacia afuera, más saludable y fuerte te volverás! Y déjame decirte: cuantos más alimentos nutritivos comas, más los desearás. Los alimentos fritos, azucarados y, en general, no saludables, realmente se vuelven menos atractivos. Esto no sucede instantáneamente, pero con el tiempo, llega el cambio.

En última instancia, este es un desafío para aprender a escuchar a tu cuerpo, especialmente al principio. Reconocer las señales de hambre, las sensibilidades y cómo los diferentes alimentos afectan tu estado de ánimo y energía, son partes clave para desarrollar un enfoque consciente de la salud física y el bienestar.

66. Como los suplementos de Vital Health incluyen tantas cosas que me encantan, colaboro con ellos con regularidad y agradezco de corazón su apoyo.

Motiva tu cuerpo

Puedes motivar a tu cuerpo alimentándolo con una nutrición adecuada, dándole un descanso constante y moviéndolo de una manera que disfrutes. Para mí, eso era correr. Pero correr no es para todos. Si no es para ti, encuentra una actividad que te encante. Solo asegúrate de que estás sudando haciendo algo que te guste al menos durante veinte minutos, tres veces a la semana.

A algunas personas les encanta una clase de *fitness* en grupo: baile, pilates, *barre*, *spinning*. Puede que disfrutes caminando por tu vecindario por las noches o yendo de excursión por un sendero cercano por las mañanas. Si te gusta estar al aire libre, puede que te guste la jardinería o el ciclismo. Únete a un equipo de *kickball* de la liga recreativa, juega al tenis o dispara algunos aros. Incluso podrías desempolvar tus viejos patines o saltar en el trampolín de tu hijo.

Piensa, también, en lo que puedes hacer de forma realista con regularidad. Decidir que harás kayak cuando el lugar con agua más cercano está a tres horas de distancia, probablemente no sucederá entre semana, aunque puede ser agradable para algunos sábados. No olvides prepararte para el éxito hidratándote, comiendo alimentos nutritivos, suplementándote adecuadamente y usando ropa apropiada.

Y celebra siempre incluso tus victorias más pequeñas. Escuchar lo que tu cuerpo necesita construirá tu impulso y te inspirará a mantenerte firme.

La sanidad es un viaje desafiante, pero es un proceso que puede aumentar tu resistencia, profundizar tu resiliencia y fortalecer tu cuerpo. Puedes capacitar a tu cuerpo para que enfrente las tareas difíciles que, de hecho, puede hacer. ¡Tu «Lo logré» de hoy ciertamente puede ser tu propia inspiración para hacerlo otra vez mañana!

Cuando se presenta un desafío, si hay algo que te ha resultado difícil de dominar y has querido abandonar, pero no has querido hacerlo porque se siente demasiado difícil, ¡hazlo! La Palabra del Señor dice que «todo lo que te viniera a la mano hacer, hazlo según tus fuerzas» (Eclesiastés 9:10). Y no te preocupes, Dios te sostiene; Dios te ayuda. Eres más que vencedor.

Ve y haz lo difícil que tienes que hacer hoy. ¡Te apoyo!

NOTAS

CUMPLIENDO EL PROPÓSITO DE NUESTRA VIDA

CAPÍTULO 16

USA «LOS ZAPATOS CORRECTOS»

Al final de un período de cuarenta años en el desierto, el pueblo de Israel estaba más estructurado, disciplinado y espiritualmente preparado, listo para entrar en la tierra prometida. Había sido transformado como un pueblo completo, como una sola nación. Habían progresado a través del desierto, aceptando la temporada (realización), profundizando su dependencia de Dios (formación) y cultivando la disciplina espiritual (preparación).

De esta manera, el viaje de sanidad es paralelo a su viaje: darse cuenta de la necesidad, formar un entendimiento y prepararse para participar en la sanidad, todo con un enfoque en el Señor.

Yo adquirí sabiduría sobre mi ser emocional, espiritual, mental y físico durante mi propio viaje de sanidad. Como los israelitas, descubrí mi voz dentro del desierto, clamé con mi voz en medio del desierto y preparé mi voz a través del desierto con la ayuda del Señor. Ahora, mi objetivo es amar a Dios con mi voz compartiendo mi historia de curación y la gran bondad del Señor en mi vida.

De la misma manera que aprendemos de la historia de los israelitas, espero que otros puedan aprender de la mía, con el objetivo de amar a Dios y a los demás con todo nuestro ser. He aprendido la hermosa bendición de cuidar el corazón, el alma, la mente y la fuerza.

Con tu mente enfocada en las cosas de arriba, experimentarás esa misma bendición y también la compartirás con otros. Y no hay mayor bendición que esa.

Zapatos del evangelio

Si alguna vez has estado en una tienda de corredores o en una tienda especializada en calzado deportivo, sabes que es todo un montaje.

Sabiendo lo que sé ahora, desaconsejo encarecidamente usar las mismas zapatillas para correr durante tanto tiempo. Después descubrí que los corredores se supone que deben cambiar sus zapatillas cada quinientos u ochocientos kilómetros. Hace tiempo que había superado esas marcas de distancia, porque había comprado ese par de zapatillas antes de tener hijos. Además, mi cuerpo cambió después de haber tenido a mis dos hijos. Parecía que, después del parto, mi cuerpo había reconstruido sus huesos y articulaciones, y mis músculos se habían desplazado. (Esa no es la descripción médica, pero ciertamente es lo que parecía). No hace falta decir que correr se había vuelto muy incómodo con las zapatillas que estaba usando.

Así que fui a la tienda de deportes a comprar zapatillas nuevas. Y fueron a fondo. Midieron mi pisada, observaron cómo movía mis talones, miraron dónde apoyaba mi pie, todo el proceso completo. Resulta que llevaba zapatos que eran una talla y media más pequeños de lo que necesitaba. Mis zapatillas para correr eran demasiado pequeñas porque mis pies habían crecido después de dar a luz. Por eso el entrenamiento había sido tan difícil: ¡estaba usando la talla de zapatos equivocada!

Conseguí esas nuevas zapatillas y estaba, literalmente, lista para la carrera. ¡El primer día que corrí con ellas, incluso superé la distancia inicial de ese día de entrenamiento, porque mis pies se sentían tan livianos! Tenía tanta energía cuando empecé, que me sorprendí. Me quedé impresionada por lo fácil que se volvió correr una vez que conseguí las zapatillas adecuadas en la talla correcta.

Todo este lío con el tamaño de las zapatillas me hizo pensar. Nosotros, como hijos de Dios, tenemos armaduras espirituales. Pablo describe la armadura de Dios en Efesios 6: «Vestíos de toda la armadura de Dios, para que podáis estar firmes contra las asechanzas del diablo. Porque no tenemos lucha contra sangre y carne, sino contra principados, contra potestades, contra los gobernadores de las tinieblas de este siglo, contra huestes espirituales de maldad en las regiones celestes. Por tanto, tomad toda la armadura de Dios, para que podáis resistir en el día malo, y habiendo acabado todo, estar firmes. Estad, pues, firmes, ceñidos vuestros lomos con la verdad, y vestidos con la coraza de justicia» (vv. 10-14, RVR1960). Pablo no omite mencionar nuestros pies. Él continúa: «y calzados los pies con el apresto del evangelio de la paz» (v. 15). Nuestros pies deben ser ajustados con la preparación que viene del evangelio: el evangelio que es Jesucristo, la buena nueva de la salvación.

Muchos de nosotros, en nuestro caminar con Cristo, luchamos y sentimos dolor compartiendo o viviendo nuestra fe, porque nuestros «zapatos del evangelio» son demasiado pequeños. En otras palabras, nuestro conocimiento o experiencia del evangelio de Jesucristo es limitado. No hemos ampliado nuestra comprensión del evangelio, que se encuentra en la Palabra de Dios. La vida nos distrae y desvía nuestra atención. Pero la Biblia es clara: debemos escudriñar las Escrituras, buscar más a Dios, aprender más de Cristo y conocer al Espíritu Santo más profundamente para que podamos ser mejores embajadores de estas Buenas Nuevas para el mundo.

Tenemos a Jesucristo que vino, murió en la cruz, resucitó al tercer día para salvarnos y darnos vida abundante. Entonces, ¿qué tan grandes o pequeños son tus zapatos del evangelio? ¿Cuánta prioridad le das a compartir a Cristo con los demás, no solo con palabras, sino con acciones?

Estas preguntas permanecen en mi mente, y soy la primera en admitirlo, incluso estando en los escenarios, liderando la adoración y teniendo el privilegio de que la gente vea mi trabajo (que es todo por la gracia de Dios), a veces mi evangelio se vuelve pequeño. Estoy tan ocupada que alguien que pasa a mi lado en el supermercado ni siquiera experimenta a Cristo a través de mí. Me encanta ser productiva, pero tengo que ser consciente de que mi productividad no se interponga en el camino de amar a la gente. Después de todo, ese es el punto: glorificar a Dios en todo lo que hago.

La conclusión para todos nosotros: si tus zapatos son demasiado pequeños, consigue unos más grandes. Si tus zapatos del evangelio son demasiado pequeños, ensánchalos. Métete en la Palabra, medita en lo que es bueno, honesto, puro y noble. Si algo es excelente o digno de elogio, piensa en estas cosas. Sobre todo, ama al Señor tu Dios con todo tu corazón, alma, mente y fuerza. Y ama a tu prójimo expresando amor hacia él y por él con el evangelio.

Blindando cada parte de nuestro ser

Necesitamos que cada parte de nuestro ser, corazón, alma, mente, cuerpo, sea sanada. Cada parte integral del yo necesita cuidado individual. Son importantes por separado, y también se influyen mutuamente. Dependen unas de otras para poder funcionar lo mejor posible. Por lo tanto, debemos atender absolutamente a cada una con considerable cuidado. Tu corazón debe estar sano de las heridas emocionales. Las emociones necesitan ser equilibradas y reguladas.

Tu alma debe ser liberada de cualquier fortaleza que no sea del Espíritu de Dios. Todas las puertas espirituales deben estar cerradas al enemigo.

Tu mente debe llevar cautivos tus pensamientos y someter incluso aquellos en el subconsciente a Jesús en obediencia.

Tu fuerza debe llegar a conocer toda su capacidad para lograr lo que el cuerpo es capaz de hacer.

Pablo concluyó su descripción de la armadura de Dios diciendo: «Sobre todo, tomad el escudo de la fe, con que podáis apagar todos los dardos de fuego del maligno. Y tomad el yelmo de la salvación, y la espada del Espíritu, que es la palabra de Dios» (vv. 16-17). Se nos han dado recursos espirituales para resistir la oposición espiritual y mantenernos firmes en nuestra fe. Estamos llamados a ser buenos administradores, asumiendo nuestra responsabilidad de sanar y de blindar nuestro ser para la vida que tenemos por delante.

Sanar todo nuestro ser (corazón, alma, mente y fuerza) es esencial para vivir plenamente en el propósito para el que fuimos creados. Cuando somos sanados, podemos reflejar la imagen de Dios y darle gloria a través de nuestras emociones, pensamientos, acciones y relaciones.

Cuando estamos completos, podemos cumplir el propósito de la vida: dar gloria a Dios.

NOTAS

CAPÍTULO 17

PALABRAS DE ALIENTO

La sanidad puede ocurrir en cualquier etapa de la vida de un cristiano, y elegir sanar no hace que nadie sea «menos» cristiano. Podría decirse que hacerlo convierte a la persona en alguien más fuerte.

Después de llevar una doble vida, balanceándome entre lo correcto y lo incorrecto durante un par de años, y rogando a Dios, Él se me reveló de una manera muy personal: en medio del estacionamiento de un restaurante, a través de una mujer que nunca antes había visto. Me habló como si me hubiera estado siguiendo durante los últimos tres meses de mi vida, y yo sabía que sus palabras proféticas eran del Señor. Sus sabios consejos se alinearon con las Escrituras, glorificaron al Señor y me trajeron paz. Ese agosto de 2003, dediqué mi vida al Señor.

Pero mi proceso de sanidad no comenzó hasta mucho después de aquel mes y año. Con un trastorno de salud mental no reconocido pero muy presente, elegí la sanidad una vez que los signos eran demasiado obvios para ignorarlos, demasiado paralizantes para continuar. No hay que endulzar la dificultad de elegir sanar porque, al mismo tiempo que eliges sanar, también eliges admitir que estás roto. Podría haber seguido fingiendo que todo estaba bien para mantener las apariencias y protegerme de juicios indeseados. Podría haber seguido adelante como lo había hecho, internalizando mis luchas y evitándolas con todas mis fuerzas. ¿Pero a qué precio? Estoy eternamente agradecida de no haber estado fingiendo, reprimiendo ni evitando.

Puede que tus luchas no sean tan severas como las mías. Oro para que no lo sean. Pero ignorar las preocupaciones leves, de bajo grado o tolerables puede permitir que se vuelvan extremas, críticas e incluso terribles. Mis síntomas no comenzaron tan graves como finalmente se volvieron, pero al no curarse, empeoraron con el tiempo. Todos tenemos que sanar porque somos humanos. El proceso de sanidad de cada uno es diferente, pero todos necesitan ese camino. Y si no elegimos salir del desierto, permaneceremos en él. ¡Pero no tiene por qué ser así!

A veces, como cristianos, cuidamos muy bien las cosas del espíritu, pero descuidamos nuestro corazón, mente y fuerza. Cuando no nos amamos lo suficiente como para cuidar de cada parte de nuestro ser, descuidamos también amar a los demás. Somos incapaces de amarlos plenamente, de la manera que Jesús enseña. En el proceso de sanidad, lo comprendí.

Si quieres avanzar en tu ministerio, en tu caminar con Dios, en tu relación con tu familia, debes hacerte las preguntas: ¿Cuál es la salud de cada una de las cuatro partes de mi ser? ¿Cómo está mi corazón? ¿Qué sucede con mi alma? ¿Dónde está mi mente? ¿Cómo está mi fuerza? ¿Realmente soy capaz de entregarlas por completo?

Si no lo estás, está bien, pero tienes que sanar, pasar por el proceso, recorrer el camino de emociones dolorosas, conversaciones difíciles y descubrimientos duros. Pero hazlo para sanar de modo que puedas llegar a ser la mejor versión de ti mismo y glorificar al Señor de una manera mayor.

La vergüenza me impidió buscar la ayuda que necesitaba durante mucho tiempo. *¿Qué va a pensar la gente: que me subo a escenarios a predicar vida, pero todo lo que hay en mí grita muerte? ¿Qué va a decir la gente de mí? ¿Sobre el Dios que predico?* Estos pensamientos me pesaron mucho, e hice todo lo que estaba a mi alcance para ocultar cómo me sentía realmente. Pero como has aprendido de mi viaje, la gente me expresó su aliento y se sintió alentada por mi testimonio. El Señor me conoció en medio de mi viaje y cumplió Su promesa de dar vida abundante. ¿Y el Dios que predico? Él me dio fuerza, coraje y libertad a través de Su Hijo Jesús.

Dios irá contigo en tu camino de sanidad; nos lo promete. Cuando le pidas que esté contigo, Él estará. La presencia de Dios le importaba tanto a Moisés que le dijo a Dios: «Si tu presencia no ha de ir conmigo, no nos saques de aquí» (Éxodo 33:15, RVA2015). Moisés y los israelitas se dieron cuenta de que entrar en la tierra prometida sin Dios no tendría sentido. Continuó preguntando: «Si no vienes con nosotros, ¿cómo vamos a saber, tu pueblo y yo, que contamos con tu favor? ¿En qué seríamos diferentes de los demás pueblos de la tierra?» (v. 16). Habían llegado a ver que la tierra en sí misma no era la promesa definitiva, la cercanía de Dios lo era. Los israelitas aprendieron que era la presencia de Dios la que les dio su identidad, significado y propósito.

Dios estará cerca de ti en tu viaje de sanidad, a través de etapas de realización, formación, preparación y transformación. Mientras descubres tu voz en el desierto, clamas con tu voz en el desierto y preparas tu voz a través del desierto, Él estará contigo. Y una vez que estés fuera del desierto, podrás amar a Dios con tu voz, plenamente, con todo tu ser. Dios me ayudó en mi viaje de sanidad, y continuará ayudándome todos los días, al igual que lo hará contigo.

Saldrás del desierto, y tu temporada allí llegará a su fin. Pero ten en cuenta que el proceso de sanidad nunca termina realmente. Una vez que tu ser esté completo, la sanidad se convierte en un trabajo de mantenimiento, pero debemos perseverar en ello, buscando ser sanos constantemente, enfocados en el Señor.

Hoy, ahora mismo, en este momento, te invito a elegir la sanidad para tu vida. No importa dónde te encuentres, tu temporada o tu distancia dentro del desierto, tu proceso de sanidad puede comenzar hoy. Que estas palabras sean una invitación a dar un paso adelante con esperanza, confiando en que la restauración siempre es posible.

En esta vida, tendremos aflicciones. Pero podemos confiar, ¡porque Jesús ha vencido al mundo y nos ha dado libertad y abundante vida en Él!

¡Qué buena, buena noticia! No hay nada mejor para nuestro corazón, alma, mente y fuerza.

NOTAS

EPÍLOGO

EL TESORO AL FINAL DEL DESIERTO

Cuando comencé este viaje, pensé que me dirigía a ganar una guerra.

Una guerra con mi mente, con la pesadez en mi pecho, con las sombras que parecían extenderse más allá de lo que cualquier amanecer jamás pudiera alcanzar. Y luché… luché duro. Cada día se sentía como un campo de batalla de pensamientos, emociones y memorias bienvenidas y no tan bienvenidas. Con los nudillos sangrantes de mi alma me arrastraba por el desierto de mi mente, sedienta de algo que no podía nombrar.

Pero el desierto tiene su manera de enseñarnos lo que realmente importa.

Lo que encontré, enterrada bajo toda la arena que quedó acumulada por la tormenta, no fue una respuesta sencilla, ni una cura mágica, sino una verdad más antigua que el mismo suelo sobre el cual caminaba. Era el *Shemá:* el fundamento de nuestra vida. Y ese día se volvió la premisa de *mi* vida:

Escucha, Israel: El Señor tu Dios, el Señor UNO es. Y amarás al Señor tu Dios con todo tu corazón, y con toda tu alma, y con toda tu mente, y con todas tus fuerzas. Y amarás a tu prójimo como a ti mismo.

Dios es Uno. Padre, Hijo y Espíritu Santo, perfecto en unidad, equilibrio y armonía. Y yo soy llamada, como Su hija, a ser espejo de esa unidad, a tomar mi corazón, mi alma, mi mente y mis fuerzas, y unirlos como un todo, así como mi Creador me formó. De ahí, el amor fluirá, un amor tan puro que duele, como Su corazón por Sus hijos. Superar el sufrimiento fue como limpiar los lentes empañados de mi vida, y pude ver el Amor. Pude verlo a Él.

Pensé que sanar sería el final de la historia. Pero la sanidad era, y es, el único camino. Aquel que me llevó al amor, no uno frágil y escaso que protegemos con muros y condiciones, sino uno eterno e inquebrantable que comienza en Dios y se mueve a través de nosotros como el aliento.

Ese amor es el *verdadero* tesoro.

El amor no es una simple emoción, es una *sustancia* viva del ámbito eterno, confiada a nosotros para esta breve y frágil vida. Es el único tesoro que cargaremos, incambiable, hacia la eternidad. Cada gota de amor que hayas dado o recibido estará ahí, entera, radiante, sin quebranto. Cada momento de perdón, cada acto de amabilidad que nadie vio, cada vez que elegiste la misericordia en vez del juicio… todo eso caminará contigo ante la presencia de Aquel de quien primero fluyó: Dios… el Amor mismo.

Y Dios no pierde lo que le pertenece.

Esta es la razón por la que el enemigo lucha tanto en contra del amor más que cualquier otra cosa. Él podrá falsificar milagros, manipular poder, imitar belleza, fingir sabiduría, torcer la verdad, y aun vestirse de falsa santidad. Pero no puede crear amor. Eso requiere tener la *naturaleza de Dios* morando dentro. Su única táctica es sembrar miedo en tu corazón hasta apartarte de darlo. Pero el amor, el verdadero amor, es el arma más imparable de Dios. Es la fuerza «nuclear» del reino. La misma que rompe el dominio del miedo y silencia al acusador.

El Apocalipsis nos dice que vencemos «por medio de la sangre del Cordero y por el testimonio que dieron. Y no amaron tanto la vida como para tenerle miedo a la muerte» (12:11, NTV). Esa última parte, amar a Dios y a otros más que a nuestra propia comodidad o seguridad, es la clase de amor ante la cual el enemigo no tiene defensa.

La sangre asegura el pacto.
El testimonio lo da a conocer.
Y el Amor, amor feroz, obstinado, entregado, quiebra
las espaldas del temor.

Este amor, unido a una plena dependencia de Dios, es todo lo que *verdaderamente* necesitamos. Él hace el resto.

Este fue el tesoro que encontré en el desierto.

Y ahora sé que es el tesoro por el cual fuimos creados para vivir desde el principio:

Para *amar a Dios* con todo lo que somos.
Para *amar a otros* con la misma gracia que nos rescató.
Para *vivir en el amor* que estará aquí aun cuando
las batallas terminen y el polvo se asiente.

Porque el amor no es lo que sobrevive a la batalla. El amor te lleva de la mano a través del desierto y de regreso a casa. El amor no es una pausa en medio de la lucha: es la voz que enciende el grito de guerra que te abre camino del dolor a la libertad.

El amor no te lleva a la victoria... el amor *es* la victoria.